이해를 통한 손에 잡히는 헌법

윤우혁
헌법조문집

조문
조문해설
조문기출OX

CONTENTS 차례

대한민국헌법

헌법의 구성

전문	총강(제1조 – 제9조)	기본권(제10조 – 제39조)	통치구조(제40조 – 제130조)
헌법의 성립과정, 헌법의 역사, 헌법의 기본원리 등을 규정	주권, 국민, 영토, 공무원제도, 정당 등에 관한 규정	권리장전의 성격을 가진다.	입법 · 행정 · 사법 · 헌법재판소, 헌법개정에 관한 규정

대한민국 헌정사

		기본권	통치구조
1공	건국 헌법(48년)	국민투표를 거치지 않고 국회에서 의결, 통제경제(근로자의 이익분배균점권 → 제5차개헌에서 삭제), 사회적 기본권 보장, 영토조항규정, 바이마르 헌법의 영향	대통령제＋의원내각제, 부통령과 국무총리 둘 다 존재, 대통령 국회간선, 국무원은 의결기구, 국정감사, 헌법위원회, 탄핵재판소
	제1차 개헌(52년)	발췌개헌(공고절차 위반), 대통령 직선제, 민의원의 국무원불신임권 인정	양원제를 규정했으나 실시되지 못함(헌법변천)
	제2차 개헌(54년)	사사오입개헌(의결정족수 위반) 초대 대통령 3선제한 철폐, 자유시장경제로 전환	국무총리가 없던 유일한 시기, 헌법개정금지에 대한 명문규정, 국민투표 최초규정(헌법개정에 관한 국민투표가 아니라 국가중요정책에 관한 국민투표로 국회의 의결을 거친 후 국민투표)

2공 (3.15 부정선거와 4.19로 성립)	제3차 개헌(60년)	본질적 내용 침해금지, 언론·출판에 대한 검열금지, 직업공무원제도, 위헌정당 해산제도, 중앙선거관리위원회	의원내각제, 국무원은 의결기구, 양원제 실시, 대법원장과 대법관 선거제, 헌법 재판소 규정(실시 못함)
	제4차 개헌	소급입법에 의한 처벌 근거 마련	
3공 (5.16으로 성립)	제5차 개헌(62년)	최초로 국민투표에 의한 개헌, 인간의 존엄과 가치, 직업의 자유, 인간다운 생활권, 영화·연예에 대한 검열가능, 헌법개정에 대한 국민투표 최초규정	대통령직선, 국무회의는 심의기구(이후 지금까지) 감사원설치(건국헌법은 심계원과 감찰위원회로 분리), 극단적 정당국가(무소속출마금지), 위헌법률심판권·위헌정당해산심판은 대법원이 행사, 탄핵심판위원회, 대법원장·대법원판사(대법관) 임명에 법관추천회의의 제청을 요함, 각급선관위
	제6차 개헌	대통령 3선 개헌	
4공 (10월 유신)	제7차 개헌(72년)	영도적 대통령제, 본질적 내용 침해금지 삭제, 평화통일 조항(전문), 모든 법관을 대통령이 임명	대통령은 통일주체국민회의에서 간선, 통일주체국민회의에서 국회의원 정수의 1/3 선출. 국정감사삭제(국회법에 국정조사도입), 헌법개정의 이원화(대통령이 제안 → 국회의결없이 국민투표, 국회가 제안 → 국회의결후 통일주체국민회의에서 결정)
5공	제8차 개헌(80년)	본질적 내용 침해금지 부활, 정당에 대한 국고보조조항, 행복추구권, 무죄추정원칙, 사생활의 비밀과 자유, 적정임금, 평생교육, 환경권, 소비자보호운동	대통령은 대통령 선거인단에서 간선, 대통령 7년 단임제, 국정조사 헌법에 최초 규정(7차 개헌에서는 국정조사가 국회법에 규정)
6공	제9차 개헌(87년)	적법절차, 미란다원칙, 피해자의 재판절차진술권, 피해자구조청구권, 최저임금, 쾌적한 주거생활권, 자유민주적 기본질서에 입각한 평화통일	대통령 직선, 헌법재판소, 국정감사 조사 둘다 헌법에 최초로 규정

대한민국헌법전문

① 유구한 역사와 전통에 빛나는	① 문화국가원리 명시
② 우리 대한국민은 … 국민투표에 의하여 개정한다.	② 헌법개정권자가 국민임을 명시
③ 3·1운동으로 건립된	③ **"3.1 운동"**: 건국헌법에서부터 규정, 3.1운동에서 기본권도출은 불가
④ 대한민국임시정부의 법통과	④ **"임시정부"**: 현행헌법에서 규정, 독립유공자와 그 유가족에 대한 예우를 하여야할 헌법적 의무(헌재)
⑤ 불의에 항거한 4·19민주이념을 계승하고,	⑤ **"4.19"**: 5차 개정에서 도입, 80년 삭제, 현행헌법에서 부활. 저항권의 헌법적 근거로 보는 학설이 있지만 판례는 저항권을 부정
⑥ 조국의 민주개혁과 평화적 통일의 사명에 입각하여 정의·인도와 동포애로써	⑥ 유신헌법에서 도입, 자유민주적 기본질서에 입각한 평화적 통일(제4조)은 현행헌법
⑦ 민족의 단결을 공고히 하고, 모든 사회적 폐습과 불의를 타파하며,	⑦ 민족에 대해서 전문에 규정이 있음
⑧ 자율과 조화를 바탕으로 자유민주적 기본질서를 더욱 확고히 하여	⑧ 자유민주의 원리 명시
⑨ 정치·경제·사회·문화의 모든 영역에 있어서	⑨ 문화국가원리
⑩ 각인의 기회를 균등히 하고, 능력을 최고도로 발휘하게 하며,	⑩ 평등원리 명시
⑪ 자유와 권리에 따르는 책임과 의무를 완수하게 하여,	⑪ 권리만 규정하는 것이 아니라 책임과 의무에 대해서도 명시
⑫ 안으로는 국민생활의 균등한 향상을 기하고	⑫ 사회국가원리
⑬ 밖으로는 항구적인 세계평화와 인류공영에 이바지함으로써	⑬ 국제평화주의
⑭ 우리들과 우리들의 자손의 안전과 자유와 행복을 영원히 확보할 것을 다짐하면서	⑭ 안전과 자유 행복에 대해 명시
⑮ 1948년 7월 12일에 제정되고 8차에 걸쳐 개정된 헌법을 이제 국회의 의결을 거쳐 국민투표에 의하여 개정한다.	⑮ 헌법개정의 주체가 국민이며 국민투표를 통한 개정임을 명시

헌법 전문에 없는 것: 민족문화의 창달, 개인의 자유와 창의의 존중, 경제민주화, 권력분립, 자유민주적 기본질서에 입각한 평화통일
전문최초개정은 5차개헌(4.19, 5.16규정)
헌법전문은 성문헌법의 필수적 구성요소가 아니다.

제1장 총강

제1조
① 대한민국은 민주공화국이다.

- 국가의 3요소: 주권, 국민, 영토
- 공화국이란 군주가 없는 국가를 말한다. 따라서 형식적 권한만을 가지는 군주도 둘 수 없다.

제1조
② 대한민국의 주권은 국민에게 있고, 모든 권력은 국민으로부터 나온다.

- 주권은 대외적 독립·대내적 최고의 권력이다.
- 주권은 단일 불가분이지만 모든 권력(입법·행정·사법)은 가분적이다.

1. 헌법은 대한민국의 국가형태와 주권의 소재를 명시하고 있다. [입법고시 19] (O)

	nation주권	peuple주권
주권의 주체	국민의 주권의 보유자이지만 행사자는 아니다. → 제한선거 → 대의제 → 자유위임(무기속위임) → 필수적 권력분립	국민의 주권의 보유자인 동시에 행사자이다. → 보통선거 → 직접민주주의 → 기속위임 → 임의적 권력분립
대표적 주장자	A. Siéyès, Montesquieu, Locke	Rousseau

제2조
① 대한민국의 국민이 되는 요건은 법률로 정한다.

- 국적은 헌법사항이다.
- 헌재: 국적선택권을 기본권으로 인식하지만 자유롭게 선택할 수 있는 것은 아니다.
- 국적단행법주의, 속인주의 원칙(예외적 속지주의 보충), 부모양계혈통주의, 단일국적주의(예외적으로 복수국적 인정)

1. 대한민국의 국민이 되는 요건은 법률로 정하고 있다. [법원9급 16] (O)
2. 헌법 제2조 제1항은 '대한민국의 국민이 되는 요건은 법률로 정한다'고 하여 대한민국 국적의 취득에 관하여 위임하고 있으나, 국적의 유지나 상실을 둘러싼 전반적인 법률관계를 법률에 규정하도록 위임하고 있는 것으로 풀이할 수는 없다. [지방7급 18] (×)

국적취득의 방식

선천적 국적취득	출생에 의한 국적 취득
후천적 국적취득	인지, 귀화, 입양, 국적회복, 국적의 재취득, 수반취득 등

사실혼에서 출생한 자의 국적

• 법률혼의 경우에는 부모 중 한사람만 한국인이면 출생과 더불어 국적을 취득한다.

사실혼의 경우	
부(외국인) + 모(한국인)	부(한국인) + 모(외국인)
자는 출생과 동시에 국적취득	이때는 생부의 인지나 귀화가 있어야 한다.

제2조
② 국가는 법률이 정하는 바에 의하여 재외국민을 보호할 의무를 진다.

• 제8차 개헌: 재외국민은 국가의 보호를 받는다.
• 제9차 개헌: 재외국민에 대한 국가의 보호의무를 규정

1. 재외국민보호규정은 1980년의 제8차 개정헌법에서 처음으로 규정되었다. [국회9급 13] (O)
2. 헌법 제2조 제2항의 '재외국민 보호의무' 규정이 중국 동포의 이중국적 해소 또는 국적선택권을 위한 특별법 제정의무를 명시적으로 위임한 것이라고 볼 수 없다. [법원9급 12] (O)

제3조
대한민국의 영토는 한반도와 그 부속도서로 한다.

- 영토고권은 국가만 가진다. 관할권은 지방자치단체도 가진다.
- 영해: 육지 기선으로부터 12해리(대한해협은 3해리)
- 접속수역: 기선으로부터 24해리에서 영해를 제외한 수역 · 관세 · 출입국관리 · 위생에 관한 단속이 가능하다.
- 경제적배타수역: 기선으로부터 200해리에서 영해를 제외한 수역. 천연자원 탐사와 인공섬 설치가 가능하다.
- 영토조항은 건국헌법부터 규정. 제2차 개헌은 영토변경과 주권제약에 국민투표를 처음으로 규정
- 영토조항만을 근거로 헌법소원불가, 그러나 영토조항에서 영토권도출 → 헌법소원가능

1. 현행 헌법 제3조(영토조항)에 의하면 북한지역도 대한민국의 영토이기 때문에 당연히 대한민국의 주권이 미친다. [법원9급 15] (O)
2. 영토는 국가 구성요소에 해당하므로 영토조항만을 근거로 하여 국민의 개별적 기본권을 인정하는 것은 가능하다. [지방7급 10] (×)
3. 헌법상 영토에 관한 권리를 영토권이라 구성하여 헌법소원의 대상인 기본권으로 간주하는 것은 가능하다. [지방7급 12] (O)

제4조
대한민국은 통일을 지향하며, 자유민주적 기본질서에 입각한 평화적 통일 정책을 수립하고 이를 추진한다.

- 평화통일조항은 유신헌법에서 도입(전문) → 자유민주적 기본질서에 입각한 평화통일은 현행헌법에서 도입
- 북한영토는 대한민국의 영토이고, 북한주민은 당연히 대한민국의 국민이다. 다만 사실상 우리 헌법은 북한지역에 규범력을 행사하지 못하고 있다.
- 국가보안법과 남북교류협력에 관한 법률의 관계: 일반법과 특별법의 관계가 아니라 별개의 법체계이다.

1. 우리 헌법이 평화통일조항을 둔 것은 1972년 제4공화국 헌법이 처음이다. [법무사 14] (O)
2. 제9차 개정헌법은 자유민주적 기본질서에 입각한 평화적 통일정책의 수립 · 추진규정을 신설하였다. [국가급 13] (O)
3. 헌법상 통일관련 조항으로부터 국민 개개인의 통일에 대한 기본권, 특히 국가기관에 대하여 통일을 위한 일정한 행동을 요구할 수 있는 권리가 도출되는 것은 아니다. [법원행시 13] (O)

제5조
① 대한민국은 국제평화의 유지에 노력하고 침략적 전쟁을 부인한다.

- 이라크 제1차파병: 자기관련성 없어 각하
- 이라크 제2차파병: 통치행위성을 이유로 각하(사법적 자제)
- 국무회의의 파병결정은 헌법소원의 대상인 공권력의 행사가 아니다.

제5조
② 국군은 국가의 안전보장과 국토방위의 신성한 의무를 수행함을 사명으로 하며, 그 정치적 중립성은 준수된다.

- 국군의 정치적 중립성은 제9차 개헌에서 규정.

1. 헌법은 국군과 공무원의 정치적 중립성에 대하여 서술하고 있다. [입법고시 19] (O)

제6조
① 헌법에 의하여 체결·공포된 조약과 일반적으로 승인된 국제법규는 국내법과 같은 효력을 가진다.

- 조약이란 그 명칭과 관계없이 국제법주체간의 국제법률관계를 내용으로 하는 문서로 된 성문의 합의·약속을 말한다. 헌법 제6조 제1항 전단의 조약은 우리나라가 체결·공포한 조약에 국한된다. 일반적으로 승인된 국제법규는 대부분의 나라가 승인한 국제법규를 말한다. 따라서 우리나라가 체결 비준하지 않아도 국내법과 같은 효력을 가진다.

1. 우리 헌법은 어떠한 조약에 대해서도 헌법과 동일한 효력을 인정하지 않는다. [서울7급 15] (O)
2. 헌법 제6조 제1항의 국제법 존중주의는 우리나라가 가입한 조약과 일반적으로 승인된 국제법규가 국내법과 같은 효력을 가진다는 것으로서 조약이나 국제법규가 국내법에 우선한다는 것은 아니다. [입법고시 22] (O)
3. 국제법적으로, 조약은 국제법 주체들이 일정한 법률효과를 발생시키기 위하여 체결한 국제법의 규율을 받는 국제적 합의를 말하며 서면에 의한 경우가 대부분이지만 예외적으로 구두합의도 조약의 성격을 가질 수 있다. [지방7급 21] (O)

제6조
② 외국인은 국제법과 조약이 정하는 바에 의하여 그 지위가 보장된다.

- 상호보증은 외국의 법령, 판례 및 관례 등에 의하여 발생요건을 비교하여 인정되면 충분하고 반드시 당사국과의 조약이 체결되어 있을 필요는 없으며, 당해 외국에서 구체적으로 우리나라 국민에게 국가배상청구를 인정한 사례가 없더라도 실제로 인정될 것이라고 기대할 수 있는 상태이면 충분하다.

1. 헌법은 헌법상 국제법과 조약에 따른 외국인의 지위 보장에 대하여 밝히고 있다. [입법고시 19] (O)

제7조
① 공무원은 국민전체에 대한 봉사자이며, 국민에 대하여 책임을 진다.

- 제5차 개헌
- 이때의 공무원은 최광의의 공무원이다.
- 자유위임의 헌법적 근거이다.

1. 대통령은 국민 전체에 대한 봉사자로 헌법상 공무원에 해당한다. [법무사 18] (O)

제7조
② 공무원의 신분과 정치적 중립성은 법률이 정하는 바에 의하여 보장된다.

- 제3차 개헌
- 이때의 공무원은 협의의 공무원(경력직 공무원)
- 제도보장이므로 과잉금지원칙이 적용되지 않는다.
- 선고유예만으로 공무원 당연퇴직은 위헌 → 집행유예만으로 당연퇴직은 합헌(단, 수뢰죄, 횡령등의 경우는 선고유예만으로 당연퇴직)

1. 직업공무원제도하에서의 공무원은 국가 또는 공공단체와 근로관계를 맺고, 공무를 담당하는 것을 직업으로 하는 자로서 선거직 공직자를 포함한 광의의 공무원을 말한다. [국가7급 11] (×)

제8조

① 정당의 설립은 자유이며, 복수정당제는 보장된다.

- 건국헌법 당시에는 성립이 ~~연법이 아니라 국회법에 규~~정되었고, 정당이 헌법에 처음 규정된 것은 제3차 개헌(위헌정당해산제도)이지만 복수정당제는 제5차 개헌에서 규정, 정당의 자유는 기본권+제도보장. 정당의 자유는 개인뿐만 아니라 정당 자신이 누리는 헌법상의 기본권이다.
- 정당은 중앙당과 시·도당으로 구성된다. 5개 이상의 시·도당이 있어야 하고 각 시·도당은 1,000명 이상의 당원이 있어야 한다.

1. ~~헌법 제8조 제1항은~~ 유, 정당활동의 자유를 포괄하는 정당의 자유를 보장하는 규정이어서, 이와 같은 정당의 자유는 단체로서 정당이 가지는 기본권이고, 국민이 개인적으로 가지는 기본권이 될 수는 없다. [변호사 19] (×)
2. 헌법 제8조 제1항이 명시하는 정당설립의 자유는 설립할 정당의 조직형태를 어떠한 내용으로 할 것인가에 관한 정당조직 선택의 자유 및 그와 같이 선택된 조직을 결성할 자유를 포괄하는 '정당조직의 자유'를 포함한다. [경찰승진 19] (O)

제8조

② 정당은 그 목적·조직과 활동이 민주적이어야 하며, 국민의 정치적 의사형성에 참여하는데 필요한 조직을 가져야 한다.

- 목적의 민주성은 현행헌법에서 도입하였고, 경선은 임의사항이다.

1. 정당은 그 목적·조직과 활동 및 강령이 민주적이면 족하고, 국민의 정치적 의사형성에 참여하는데 필요한 조직을 반드시 가져야 하는 것은 아니다. [경찰승진 22] (×)
2. 정당은 그 목적·조직·활동이 민주적이어야 하며, 국민의 정치적 의사형성에 참여하는데 필요한 조직을 가져야 한다고 규정하고 있는 헌법 제8조 제2항은 정당의 자유의 헌법적 근거규범이 아니다. [지방7급 13] (O)

제8조

③ 정당은 법률이 정하는 바에 의하여 국가의 보호를 받으며, 국가는 법률이 정하는 바에 의하여 정당운영에 필요한 자금을 보조할 수 있다.

- 정당운영자금은 제8차 개헌에서 도입

1. 헌법은 정당운영에 필요한 자금에 대한 국가보조 의무원칙을 명시하고 있다. [입법고시 19] (O)

제8조

④ 정당의 목적이나 활동이 민주적 기본질서에 위배될 때에는 정부는 헌법재판소에 그 해산을 제소할 수 있고, 정당은 헌법재판소의 심판에 의하여 해산된다.

• 위헌정당해산제도는 제3차 개헌에 처음 규정되었고, 방어적 민주주의의 한 내용이다. 해산심판청구는 원칙적 재량행위이다. 헌법재판소의 해산은 창설적 효력을 가진다. 위헌정당해산심판 청구는 국무회의의 심의 대상이다.

1. 정당의 목적이나 조직이 민주적 기본질서에 위배될 때에는 정부는 헌법재판소에 그 해산을 제소할 수 있고, 정당은 헌법재판소의 심판에 의하여 해산된다. [서울7급 14] (×)

2. 정당해산심판은 심판청구의 주체가 헌법상 정부에 한정된다. [국회9급 10] (○)

제9조

국가는 전통문화의 계승 · 발전과 민족문화의 창달에 노력하여야 한다.

• 전래의 문화라도 헌법질서에 위반되면 위헌이 된다(호주제).

● 기본권 개요

제10조		인간의 존엄과 가치 및 행복추구권	• 헌법의 최고가치
제11조		평등권	• 불문법상의 원리
자유권	제12조	신체의 자유	• 자유는 기본적으로 신이 인간에게 부여한 것이므로 국가가 침해해서는 안된다. 자유는 내용이 정해져 있지 않고 무한대로 만들어 낼 수 있으므로 자유권에 대한 법률은 기본권제한적 법률유보의 성역이다. • 국가가 자유를 침해하면 국가에 대해 방어할 수 있는 소극적 방어권(국가로부터의 자유), 부작위 청구권이다. • 슈미트가 말하는 진정한 기본권 • 구체적 권리(헌법만으로 효력이 인정된다.)
	제13조	이중처벌금지, 형법불소급, 연좌제	
	제14조	거주 이전의 자유	
	제15조	직업의 자유	
	제16조	주거의 자유	
	제17조	사생활의 비밀과 자유	
	제18조	통신의 자유	
	제19조	양심의 자유	
	제20조	종교의 자유	
	제21조	언론 출판 집회 결사의 자유	
	제22조	학문과 예술의 자유	
재산권	제23조	재산권 보장	• 기본권형성적 법률유보(법률에서 인정되는 범위에서 재산권이 인정된다.)
참정권	제24조	선거권	• 기본권구체화적 법률유보, 능동적 권리, 구체적 권리
	제25조	공무담임권	
청구권	제26조	청원권	• 기본권구체화적 법률유보, 적극적 권리, 다른 기본권의 보장을 위한 기본권, 구체적 권리
	제27조	재판청구권	
	제28조	형사보상청구권	

	제29조	국가배상청구권	
	제30조	범죄피해자구조 청구권	
사회권	제31조	교육을 받을 권리	• 기본권구체화적 법률유보 • 국가에 대해 작위를 요구하는 권리 – 국가를 향한(통한) 자유 • 추상적 권리(개별법에 의한 구체화가 필요하다.)
	제32조	근로의 권리	
	제33조	근로3권	
	제34조	인간다운생활권	
	제35조	환경권	
	제36조	혼인과 가족생활	
제한	제37조	일반적 법률유보	국민의 모든 자유와 권리 제한 가능
납세	제38조	납세의 의무	
국방	제39조	국방의 의무	

제10조

모든 국민은 인간으로서의 존엄과 가치를 가지며, 행복을 추구할 권리를 가진다. 국가는 개인이 가지는 불가침의 기본적 인권을 확인하고 이를 보장할 의무를 진다.

• 존엄과 가치: 제5차 개헌. 독일의 영향
• 행복추구권: 제8차 개헌. 미국의 영향(버지니아 권리장전에서 유래) 현 미국헌법에는 규정 없음.
• 인간으로서의 존엄과 가치에서 유래하는 인격권(성명권, 명예권, 초상권)은 법인에게도 인정된다.
• 행복추구권은 그 내용에 따라 법인에게 인정되는 경우(계약의 자유)도 있고 인정되지 않는 경우(순수한 의미의 행복)도 있다.
• 외국인에게도 인정된다.
• 국가의 기본권보호의무에 대한 근거규정이다.
• 기본권 보유능력이 있어도 행사능력이 없는 경우도 있다.(미성년자)

1. 헌법 제10조 전문의 행복추구권에는 일반적 행동자유권이 포함되는바, 이는 적극적으로 자유롭게 행동하는 것은 물론 소극적으로 행동을 하지 않을 자유도 포함하는 권리로 포괄적인 의미의 자유권이다.
[경찰채용 22] (O)

2. 헌법은 제10조 제2문에서 "국가는 개인이 가지는 불가침의 기본적 인권을 확인하고 이를 보장할 의무를 진다."라고 규정함으로써 국가의 적극적인 기본권 보호의무를 선언하고 있다. [변호사 15] (O)

제11조

① 모든 국민은 법 앞에 평등하다. 누구든지 성별·종교 또는 사회적 신분에 의하여 정치적·경제적·사회적·문화적 생활의 모든 영역에 있어서 차별을 받지 아니한다.

- 차별사유와 차별의 영역은 예시적 규정이므로 다른 사유로도 차별할 수 없다. 사회적 신분에 대해서 헌재는 후천적 신분설의 입장이다. 따라서 전과도 사회적 신분에 해당한다. 다만 누범을 가중처벌하는 것은 사회적 신분을 이유로 처벌하는 것이 아니다.(합헌)
- 인종은 차별금지사유로 규정되어 있는 것은 아니지만 차별금지사유이다.
- 평등권은 국민과 법인에게 인정된다. 외국인에게도 인정되지만 선거권 같은 경우에는 인정되지 않는다.
- **평등권 심사기준은 원칙적으로 자의금지원칙을 적용한다.** 즉 합리적 차별은 허용한다. 다만, 헌법에서 **특별히 평등을 요구**하는 경우(예 헌법 제36조 제1항)와 차별로 인하여 **관련 기본권에 중대한 제한이 발생하는 경우**(예 공무담임권의 심각한 제한)에는 엄격한 비례심사를 한다.

적 신분을 명시적으로 규정하고 있다.

[행정고시 18] (×)

제11조

② 사회적 특수계급의 제도는 인정되지 아니하며, 어떠한 형태로도 이를 창설할 수 없다.

- 양반이나 귀족과 같은 것은 허용되지 않는다.

제11조

③ 훈장등의 영전은 이를 받은 자에게만 효력이 있고, 어떠한 특권도 이에 따르지 아니한다.

- 국가유공자에 대한 보상금은 특권이 아니다.

제12조

① 모든 국민은 신체의 자유를 가진다. 누구든지 법률에 의하지 아니하고는 체포·구속·압수·수색 또는 심문을 받지 아니하며, 법률과 적법한 절차에 의하지 아니하고는 처벌·보안처분 또는 강제노역을 받지 아니한다.

- 적법절차는 현행헌법에서 도입(미국의 영향). 적법절차의 가장 중요한 내용은 청문권의 보장이다. 적법절차는 기본권제한과 관련되든 되지 않든 적용되는 원칙이다. 다만 국가기관 내부작용에서는 적법절차가 적용되지 않는다.(대통령 탄핵시 적법절차의 원칙은 적용되지 않는다)
- 선거관리위원회가 하는 선거위반 행위에 대한 경고조치에도 적용되지 않는다.
- 신체를 훼손당하지 아니할 권리는 명문의 규정은 없지만 헌재는 근거를 헌법 제12조에서 찾고 있다.

1. 모든 국민은 신체의 자유를 가진다. 누구든지 법률과 적법절차에 의하지 아니하고는 체포·구속·압수·수색을 받지 아니하며, 법률에 의하지 아니하고는 심문·처벌·보안처분 또는 강제노역을 받지 아니한다. [경찰채용 22] (×)
2. 현행 헌법에서는 적법절차의 원리를 신체의 자유를 보장하는 조항에서 규정하고 있다. [법원9급 15] (○)
3. 헌법 제12조 제1항은 적법절차원칙의 일반조항이고 제12조 제3항의 적법절차원칙은 기본권 제한 정도가 가장 심한 형사상 강제처분의 영역에서 기본권을 더욱 강하게 보장하려는 의지를 담아 중복 규정된 것이다. [국회9급 15] (○)
4. 현행 헌법은 제12조 제1항의 처벌, 보안처분, 강제노역 등과 관련하여 적법절차의 원칙을 규정하고 있지만 이는 그 대상을 한정적으로 열거하고 있는 것이 아니라 그 적용 대상을 예시한 것에 불과하다고 해석해야 한다. [국회8급 19] (○)

제12조

② 모든 국민은 고문을 받지 아니하며, 형사상 자기에게 불리한 진술을 강요당하지 아니한다.

- 자기부죄거부특권이라고 한다. 법률로써도 진술강제는 할 수 없다. 진술이란 언어적 표현(말과 문자)을 말한다. 정치자금의 사용내역을 기재하게 하는 것은 진술에 해당하지만 위헌은 아니다. 정치자금의 영수증을 보관하게 하는 것은 진술이 아니다.

1. 정치자금을 받고 지출하는 행위는 당사자가 직접 경험한 사실에 해당하지만, 이를 문자로 기재하도록 하는 것은 당사자가 자신의 경험을 말로 표출한 것의 등가물로 평가할 수는 없으므로, 이러한 기재행위가 '진술'의 범위에 포함된다고 볼 수 없다. [법원행시 13] (×)

제12조

③ 체포·구속·압수 또는 수색을 할 때에는 적법한 절차에 따라 검사의 신청에 의하여 법관이 발부한 영장을 제시하여야 한다. 다만, 현행범인인 경우와 장기 3년 이상의 형에 해당하는 죄를 범하고 도피 또는 증거인멸의 염려가 있을 때에는 사후에 영장을 청구할 수 있다.

- 영장주의의 적용대상: 신체에 대한 물리적 직접적 강제력의 행사 → 지방의회의장이 동행명령장을 발부하고 불응시 강제구인(물리적 직접적)을 하는 것은 영장주의 위반이다.
- 영장주의의 적용대상이 아닌 경우: 신체에 대한 심리적 간접적 강제 → 국회에서 증인에 대한 동행명령장을 발부하고 불응시 국회모독죄로 형사고발(심리적 간접적)하는 것은 영장주의 문제가 아니다.
- 검사의 신청에 의한 영장은 허가장이고 법원이 직접 발부한 영장은 명령장이다.
- 긴급체포는 누구나 영장없이 할 수 있지만 즉시 수사기관에 인계해야 하고 체포후 48시간 이내에 영장을 청구하여야 한다.

1. 헌법 제12조 제3항이 영장의 발부에 관하여 '검사의 신청'에 의할 것을 규정한 취지는 모든 영장의 발부에 검사의 신청이 필요하다는 데에 있는 것이 아니라, 수사단계에서 영장의 발부를 신청할 수 있는 자를 검사로 한정함으로써 검사 아닌 다른 수사기관의 영장신청에서 오는 인권유린의 폐해를 방지하고자 함에 있다. [서울7급 19] (○)
2. 우리 헌법은 영장주의가 사법절차뿐만 아니라 행정절차에도 적용된다고 규정하고 있다. [지방7급 14] (×)
3. 법원이 직권으로 발부하는 영장과 수사기관의 청구에 의하여 발부하는 구속영장의 법적 성격은 같다. [국가7급 08] (×)

제12조

④ 누구든지 체포 또는 구속을 당한 때에는 즉시 변호인의 조력을 받을 권리를 가진다. 다만, 형사피고인이 스스로 변호인을 구할 수 없을 때에는 법률이 정하는 바에 의하여 국가가 변호인을 붙인다.

- 변호인의 조력권은 형사사건과 행정절차에서 구금된 경우에만 적용되는 원칙이다. 수형자에게는 인정되지 않는다.
- 변호인의 조력을 받을 권리: 국가안전보장, 질서유지, 공공복리 등 어떠한 이유로도 제한不可라고 판시하였으나 최근 교도소 질서유지 등을 위하여 시간적인 제한 등이 가능하다고 판시.
- 국선변호인 선임권은 피고인의 경우에만 헌법에 규정이 있고, 피의자에 대한 국선변호인 선임권은 형사소송법에 규정이 있다. 헌법소원에서 국선변호인은 헌법재판소법에 있다.

1. "누구든지 체포 또는 구속을 당한 때에는 즉시 변호인의 조력을 받을 권리를 가진다. 다만, 형사피의자가 스스로 변호인을 구할 수 없을 때에는 법률이 정하는 바에 의하여 국가가 변호인을 붙인다."는 헌법에 규정된 내용이다. [법원9급 14] (×)
2. 형사절차가 종료되어 교정시설에 수용 중인 수형자는 원칙적으로 변호인의 조력을 받을 권리의 주체가 될 수 없다. [국회8급 09] (○)

제12조

⑤ 누구든지 체포 또는 구속의 이유와 변호인의 조력을 받을 권리가 있음을 고지받지 아니하고는 체포 또는 구속을 당하지 아니한다. 체포 또는 구속을 당한 자의 가족등 법률이 정하는 자에게는 그 이유와 일시 · 장소가 지체없이 통지되어야 한다.

- 미란다 원칙
- 현행헌법에서 도입되었다.

1. 체포 또는 구속을 당한 자의 가족은 구속의 이유, 일시 및 장소를 지체없이 통지받을 헌법상의 권리를 가진다. [국회8급 21] (○)

제12조

⑥ 누구든지 체포 또는 구속을 당한 때에는 적부의 심사를 법원에 청구할 권리를 가진다.

- 적부심사청구권은 피의자에게 인정되는 것이나, 전격기소의 경우에는 피고인에게도 인정된다.

1. 누구든지 체포 또는 구속을 당한 때에는 적부의 심사를 법원이나 검찰에 청구할 권리를 가진다.
   [법무사 16] (×)

제12조

⑦ 피고인의 자백이 고문 · 폭행 · 협박 · 구속의 부당한 장기화 또는 기망 기타의 방법에 의하여 자의로 진술된 것이 아니라고 인정될 때 또는 정식재판에 있어서 피고인의 자백이 그에게 불리한 유일한 증거일 때에는 이를 유죄의 증거로 삼거나 이를 이유로 처벌할 수 없다.

- 고문 등으로 수집한 위법수집증거는 절대적으로 증거능력이 인정되지 않는다.

제13조

① 모든 국민은 행위시의 법률에 의하여 범죄를 구성하지 아니하는 행위로 소추되지 아니하며, 동일한 범죄에 대하여 거듭 처벌받지 아니한다.

- 이중처벌금지는 형이 확정되어야 발생한다.(기판력의 효과) 이중위험금지는 절차가 일정단계에 이르면 인정된다. 이중처벌금지에서 말하는 처벌은 형벌만을 의미한다. 따라서 형벌과 다른 제재(과태료, 과징금 등)의 병과는 가능하다.
- 외국에서 형의 전부 또는 일부의 집행을 받은 자에 대하여 형을 감경 또는 면제할 수 있도록 규정한 형법 제7조는 이중처벌금지원칙에 위배되지 않는다. 그러나 이 사건 법률조항은 신체의 자유를 침해한다.(헌재 2015.5. 28. 2013헌바129)
- 제4차 개헌은 소급입법에 의한 처벌의 헌법적 근거를 두었다.

1. 헌법 제13조 제1항에서 말하는 '처벌'이란 국가가 행하는 일체의 제재나 불이익처분을 모두 포함한다.

[입법고시 18] (×)

제13조

② 모든 국민은 소급입법에 의하여 참정권의 제한을 받거나 재산권을 박탈당하지 아니한다.

- 진정소급입법이란 과거에 이미 완성된 사실이나 법률관계를 대상으로 하는 입법을 말한다.(원칙적 금지, 예외적 허용)
- 부진정소급은 과거에 시작되었으나 현재 진행 중인 사실관계 또는 법률관계에 적용케 하는 입법을 말한다. (원칙적 허용, 예외적 금지)

1. 모든 국민은 소급입법에 의하여 참정권의 제한을 받거나 재산권을 제한당하지 아니한다. [소방간부 20] (×)

제13조

③ 모든 국민은 자기의 행위가 아닌 친족의 행위로 인하여 불이익한 처우를 받지 아니한다.

- 연좌제금지는 제8차 개헌. 여기서 말하는 불이익은 일체의 불이익을 말한다.
- 반국가행위자처벌에 관한 특별법: 연좌제위반(법률전체가 위헌)

제14조
모든 국민은 거주·이전의 자유를 가진다.

- 외국인 부정(외국인에게는 입국의 자유는 인정되지 않지만 출국의 자유는 인정된다), 법인 인정
- 독일은 국내 거주이전의 자유에 한정하지만 우리헌법은 국내거주이전으로 한정하지 않는다. 따라서 출국의 자유, 해외 이주의 자유 등도 인정된다. 단순한 장소의 이동은 거주이전의 자유의 문제가 아니다.(서울광장사건)
- 주민등록은 거주이전과 직접적인 관련이 없다.

1. 대한민국 국민의 거주·이전의 자유에는 대한민국을 떠날 수 있는 출국의 자유와 다시 대한민국으로 돌아올 수 있는 입국의 자유뿐만 아니라 대한민국 국적을 이탈할 수 있는 국적변경의 자유가 포함된다.
   [국가7급 16] (○)

제15조
모든 국민은 직업선택의 자유를 가진다.

- 외국인은 제한적으로 인정(국내에서 직장이전을 3회로 제한하는 것은 합헌, 외국의사자격을 국내에서 부정하는 것도 합헌), 법인 인정
- 제5차 개헌에서 규정.

생활의 기본적 수요 충족	돈을 벌기 위한 수단
계속적 활동	어느 정도의 계속성만 있으면 됨. 휴가 중에 하는 일, 수습직도 포함
공공무해성은 불요	게임환전물도 직업에 해당, 성매매도 직업에는 해당

1. 헌법 제15조에 의한 직업선택의 자유에는 직업수행의 자유, 전직의 자유, 직장선택의 자유 등도 포함되는 것으로 이해된다. [소방간부 20] (○)

제16조

모든 국민은 주거의 자유를 침해받지 아니한다. 주거에 대한 압수나 수색을 할 때에는 검사의 신청에 의하여 법관이 발부한 영장을 제시하여야 한다.

- 외국인 인정, 법인은 학설대립
- 신체의 자유와 달리 영장주의의 예외가 규정되어 있지는 않지만 엄격한 요건하에서 영장없이 주거수색이 가능한 경우가 인정된다.

1. 헌법 제12조 제1항은 신체의 자유의 영역에서 수색에 대한 법률주의를 정하고 있으나, 수색에 대한 법률주의는 헌법 제16조가 정하고 있는 주거의 자유에서도 인정된다. [국회8급 14] (O)

2. 헌법 제12조 제3항과는 달리 헌법 제16조 후문은 "주거에 대한 압수나 수색을 할 때에는 검사의 신청에 의하여 법관이 발부한 영장을 제시하여야 한다"라고 규정하고 있을 뿐 영장주의에 대한 예외를 명문화하고 있지 않으므로 영장주의가 예외없이 반드시 관철되어야 함을 의미하는 것이다. [국가7급 19] (×)

제17조

모든 국민은 사생활의 비밀과 자유를 침해받지 아니한다.

- 외국인 인정, 법인 학설대립
- 제8차 개헌에서 규정. 개인정보보호법은 살아있는 개인의 정보만을 대상으로 한다. 개인정보자기결정권의 헌법적 근거에 대해 헌재는 헌법 제10조와 제17조를 근거로 제시하기도 하고, 어느 한 두개의 조문으로 도출되는 것이 아니라 헌법 전체에서 도출되는 독자적 기본권으로 판시하기도 한다.

1. 사생활의 비밀과 자유가 보호하는 것은 개인의 내밀한 내용의 비밀을 유지할 권리, 개인이 자신의 사생활의 불가침을 보장받을 수 있는 권리, 개인의 양심영역이나 성적 영역과 같은 내밀한 영역에 대한 보호, 인격적인 감정세계의 존중의 권리와 정신적인 내면생활이 침해받지 아니할 권리 등이다. [법원9급 21] (O)

2. 사생활의 비밀과 자유에 관한 헌법규정은 개인의 사생활이 함부로 공개되지 아니할 소극적인 권리는 물론, 오늘날 고도로 정보화된 현대사회에서 자신에 대한 정보를 자율적으로 통제할 수 있는 적극적인 권리까지도 보장하려는 데에 그 취지가 있다. [15 법무사] (O)

제18조
모든 국민은 통신의 비밀을 침해받지 아니한다.

- 외국인 인정, 법인 인정
- 통신이란 격지자간의 매체를 통한 의사전달을 말한다.
- 범죄수사를 위한 통신제한은 검사만 가능, 국가안보를 위한 통신제한은 정보기관의 장이 한다. 긴급통신제한은 검사, 사법경찰관, 정보기관의 장 모두 가능

1. 헌법 제18조는 "모든 국민은 통신의 비밀과 자유를 침해받지 아니한다."라고 규정하고 있다.
[국회8급 14] (×)

제19조
모든 국민은 양심의 자유를 가진다.

- 외국인 인정, 법인 부정
- 양심형성의 자유는 **내심에 머무르는 한 성질상 제한이 불가능한 기본권이다.**
- 양심실현의 자유는 제한 가능하다.
- 건국헌법은 신앙과 양심을 동일조항에서 규정, 제5차 개헌 이후 별도로 규정

1. 양심적 결정을 외부로 표현하고 실현할 수 있는 양심실현의 자유는 표현의 자유에 속하는 행위일 뿐 헌법 제19조가 보호하고 있는 양심의 자유에 포함되지 않는다. [법원9급 18] (×)

제20조
① 모든 국민은 종교의 자유를 가진다.

- 외국인 인정, 종교의 자유 중 신앙의 자유는 자연인에게만 인정되고 법인은 신앙의 자유를 제외하고 인정된다.
- 신앙의 자유는 제한 불가능한 절대적 자유이다. 종교교육의 자유 등은 제한 가능한 기본권이고 법인에게도 인정된다.

1. 종교의 자유의 구체적 내용으로는 신앙의 자유, 종교적 행위의 자유 및 종교적 집회·결사의 자유가 포함된다. [법원9급 16] (O)

제20조
② 국교는 인정되지 아니하며, 종교와 정치는 분리된다.

- 오래된 종교시설(문화재)에 국가가 지원을 하는 것은 합헌

1. 헌법 제20조 제2항은 국교금지와 정교분리 원칙을 규정하고 있는데 종교시설의 건축행위에만 기반시설부담금을 면제한다면 국가가 종교를 지원하여 종교를 승인하거나 우대하는 것으로 비칠 소지가 있다.
[소방간부 19] (O)

제21조

① 모든 국민은 언론·출판의 자유와 집회·결사의 자유를 가진다.

- 언론의 자유는 외국인과 법인에게도 인정된다.
- 표현의 자유에서 **매개체는** 연설·연극·방송·음악·영화·소설·도화·사진·조각 등 **어떠한 형태이건 가능하며 그 제한이 없다.** 음란물·게임물도 의사표현의 매개체가 된다. 상업광고도 보호되지만 보호의 정도는 낮다.
- 상징적 표현도 표현의 자유에 의해 보호된다. 익명표현의 자유도 인정된다. 허위사실의 표현도 언론 출판의 자유의 보호영역에는 해당한다. 다만 국가안전보장 질서유지 공공복리를 위해서 제한할 수 있다.

1. 헌법 제21조 제1항은 모든 국민은 언론·출판의 자유를 가진다고 규정하여 언론·출판의 자유를 보장하고 있는 바, 의사표현의 자유는 바로 언론·출판의 자유에 속한다. 따라서 의사표현의 매개체를 의사표현을 위한 수단이라고 전제할 때, 이러한 의사표현의 매개체는 헌법 제21조 제1항이 보장하고 있는 언론·출판의 자유의 보호대상이 된다고 할 것이다.
[법원9급 13] (O)

제21조

② 언론·출판에 대한 허가나 검열과 집회·결사에 대한 허가는 인정되지 아니한다.

- 검열은 절대적으로 금지된다.
- 검열의 요건

행정권이 주체	**행정기관인지에 대한 판단은 형식이 아니라 실질에 따라 판단한다.** '공연윤리위원회'와 민간자율기구인 '영상물등급위원회'는 국가의 관여가 인정되므로 행정기관에 해당한다. 법원에 의한 방영금지가처분 결정은 행정권이 주체가 된 것이 아니므로 검열이 아니다
사전제출 의무	**허가를 받기 위한 표현물의 사전 제출의무가 있어야 한다.**
내용심사	표현물의 **내용에 대한 심사여야 한다.** 따라서 **방법에 대한 사전 제한은 검열이 아니다.**
강제수단	**허가를 받지 아니한 의사표현의 금지 및 심사절차를 관철할 수 있는 강제수단 등의 요건을 갖추어야 한다.** 주로 과태료나 형벌의 부과이다.

1. 헌법 제21조 제2항의 검열금지조항은 절대적 금지를 의미하므로 국가안전보장·질서유지·공공복리를 위하여 필요한 경우라도 사전검열이 허용되지 않는다.
[경찰승진 17] (O)
2. 언론·출판에 대한 허가나 검열은 법률로써도 할 수 없다.
[국회9급 11] (O)

- 등급분류제는 합헌. 분류보류제와 추천제는 위헌. 방송 광고심의제는 위헌, 인터넷은 방송의 특성이 없다.
- 집회·결사에 대한 허가는 절대적으로 금지된다. 1인 시위는 집회가 아니다. 즉 집시법이 적용되지 않는다. 법률에 의한 집회금지는 허가의 문제는 아니다.

제21조
③ 통신·방송의 시설기준과 신문의 기능을 보장하기 위하여 필요한 사항은 법률로 정한다.

- 방송이나 신문의 시설기준에 대한 허가는 검열이 아니므로 가능하다.

제21조
④ 언론·출판은 타인의 명예나 권리 또는 공중도덕이나 사회윤리를 침해하여서는 아니된다. 언론·출판이 타인의 명예나 권리를 침해한 때에는 피해자는 이에 대한 피해의 배상을 청구할 수 있다.

- 헌법이 직접 기본권 행사를 제한하고 있는 개별적 헌법유보 조항이다.

1. 헌법 제21조 제4항 전문은 "언론·출판은 타인의 명예나 권리 또는 공중도덕이나 사회윤리를 침해하여서는 아니된다."라고 규정하고 있는바, 이는 헌법상 표현의 자유의 보호영역에 대한 한계를 설정한 것이라고 보아야 한다. [경찰채용 22] (×)

제22조
① 모든 국민은 학문과 예술의 자유를 가진다.

- 외국인 인정, 법인 인정

1. 학문의 자유라 함은 진리를 탐구하는 자유를 의미하는데, 그것은 단순히 진리탐구의 자유에 그치지 않고 탐구한 결과에 대한 발표의 자유 내지 가르치는 자유 등을 포함한다. [법무사 15] (○)

제22조

② 저작자·발명가·과학기술자와 예술가의 권리는 법률로써 보호한다.

- 법인은 예술 창작의 주체는 아니지만 예술품 전시판매에 있어서는 주체성이 인정된다.

제23조

① 모든 국민의 재산권은 보장된다. 그 내용과 한계는 법률로 정한다.

- 외국인은 제한적으로인정, 법인 인정
- 사유재산제도
- 기본권제한적 법률유보

사적재산권요건	공법상 재산권 요건
사적유용성, 원칙적 처분가능성, 구체적 권리	사적재산권요건 + 수급자의 상당한 자기기여 + 생존확보에 기여

- 의료보험수급권은 재산권, 의료급여수급권은 재산권이 아니다.

1. 헌법 제23조의 재산권 보장은 개인이 현재 누리고 있는 재산권을 개인의 기본권으로 보장하고, 개인이 재산권을 향유하고 있는 법제도로서의 사유재산제도를 보장한다는 이중적 의미를 가지고 있다. [지방7급 11] (○)

2. 재산권은 민법상의 소유권·물권·채권은 물론 특별법상의 권리인 광업권·어업권·수렵권 그리고 공법상의 권리인 환매권·퇴직연금수급권·퇴직급여청구권 등도 포함한다. [국가7급 09] (○)

제23조

② 재산권의 행사는 공공복리에 적합하도록 하여야 한다.

- 무보상의 사회적 제약
- 공공복리는 공공필요보다 넓은 개념이다.

1. 헌법은 재산권의 사회적 기속성을 명시하고 있으므로 재산관련 입법에 대하여는 과잉금지의 원칙이 적용되지 않는다. [지방7급 11] (×)

제23조

③ 공공필요에 의한 재산권의 수용·사용 또는 제한 및 그에 대한 보상은 법률로써 하되, 정당한 보상을 지급하여야 한다.

- 요보상의 공공침해
- 정당한 보상은 시가보상(완전보상)이지만, 공시지가보상도 가능하다.
- 보상의 기준에 관한 헌정사
- 건국헌법 – 4차개헌: 법률의 정하는 바에 의하여 상당한 보상
- 5차개헌 – 6차개헌: 법률로써 하되 정당한 보상
- 7차개헌: 공공필요에 의한 재산권의 수용·사용 또는 제한 및 그 보상의 기준과 방법은 법률로 정한다.
- 8차개헌: 보상은 공익 및 관계자의 이익을 정당하게 형량하여 법률로 정한다.

1. 재산권을 보장하면서 공용수용·공용사용·공용제한의 방식으로 재산권을 제한하는 경우에는 공공필요라는 목적이 있어야 한다. [행정고시 17] (O)
2. 공공필요에 의한 재산권의 수용·사용 또는 제한 및 그에 대한 보상은 법률로써 하되, 상당한 보상을 지급하여야 한다. [행정고시 18] (×)

경계이론과 분리이론의 비교

구분	경계이론(독일행정법원)	분리이론(독일연방헌재)
이론적 배경	가치보장을 우선한다. 가치보장은 수용은 다투지 못하고, 보상금만 다툴수 있다.	존속보장을 우선한다. 존속보장은 수용자체를 다툴수 있다.
기준	침해의 강도	법률의 내용과 형식
구별	침해가 약하면 사회적제약 → 강도가 일정 한도를 넘어서면 자동으로 침해로 전환	법률의 내용과 형식이 일반적 추상적이면(민법) 사회적제약이고, 개별적 구체적이면(토지수용법) 공공침해이다. 다만 수인한도를 넘는 제약은 예외적으로 보상을 요하는 사회적제약이 된다.
	[사례] 개발제한구역지역에서 전 답 임야(종래의 용도로 사용할 수 있는 경우): 두 이론 모두 사회적제약으로 본다. 대지(종래의 용도로 사용할 수 없는 경우): 경계이론에 의하면 침해의 강도가 수인한도를 넘어서 자동으로 보상을 요하는 공공침해가 되고 분리이론에 의하면 예외적으로 보상을 요하는 사회적제약이다.	
양자의 차이	사회적제약과 공공침해는 질적인 차이가 아닌 양적 차이이다.	사회적제약과 공공침해는 질적인 차이가 있다.
보상규정이 없는 경우	유추적용설로 해결한다. 따라서 법원의 판결로 보상이 가능하다.	헌재의 위헌결정에 따라 법을 제정 또는 개정하여 입법보상을 한다.
결부조항	결부조항을 중요시 하지 않는다.	결부조항을 중요시 한다.

제23조 제3항을 결부조항으로 보게 되면 보상이 없는 법률은 부진정입법부작위가 되고, 결부조항이 아닌 것으로 보면 보상이 없는 수준이 진정입법부작위가 된다. 따라서 결부조항이 아닌 것으로 볼 때 입법부작위 자체에 대한 헌법소원이 가능하게 된다. 결부조항으로 보면 입법부작위에 대한 헌법소원은 할 수 없다.

제24조 모든 국민은 법률이 정하는 바에 의하여 선거권을 가진다.	• 외국인 부정(다만, 일정요건을 갖춘 외국인은 지방선거에서 투표권, 주민투표권, 주민소환권)이 있지만 기본권은 아니다. • 선거권 연령은 18세 → 18세 이상은 선거운동 가능, 정당가입 가능	1. 헌법이 모든 국민은 '법률이 정하는 바에 의하여' 선거권을 가진다고 규정함으로써 법률유보의 형식을 취하고 있지만, 이것은 국민의 선거권이 '법률이 정하는 바에 따라서만 인정될 수 있다'는 포괄적인 입법권의 유보하에 있음을 의미하는 것이 아니다. [소방간부 21] (O)
제25조 모든 국민은 법률이 정하는 바에 의하여 공무담임권을 가진다.	• 공무담임권은 공직취임권과 신분유지권, 승진의 기회균등으로 이루어진다. 승진가능성 등은 공무담임권의 내용이 아니다.	1. 현행 헌법은 공무담임권을 명시적으로 규정하고 있다. [법원9급 19] (O)

제26조

① 모든 국민은 법률이 정하는 바에 의하여 국가기관에 문서로 청원할 권리를 가진다.

- 외국인 인정, 법인 인정
- 청원대상기관은 모든 국가기관이다. - 개인(행정권한 수탁사인)에 대한 청원도 가능하다.
- 자신과 이해관계 없는 청원도 가능하다.
- 제3자인 중개인이나 대리인을 통한 청원도 가능하다.
- 로비스트는 국민주권의 상시화에 기여할 수도 있다.(헌재 2005.11.24. 2003헌바68)
- 청원은 국민소환제적 기능을 한다.

1. 헌법상 보장된 청원권의 주체는 국민이고, 국민에는 법인도 포함된다. [법무사 18] (○)

제26조

② 국가는 청원에 대하여 심사할 의무를 진다.

- 국회에 청원하려는 자는 의원의 소개를 받거나 국회규칙으로 정하는 기간동안 국회규칙으로 정하는 일정한 수 이상의 국민의 동의를 받아 청원서를 제출하여야 한다.

1. 헌법 제26조는 국민의 청원에 대하여 국가가 심사할 의무 뿐만 아니라 통지를 할 의무에 대하여도 명문의 규정을 두고 있다. [법무사 08] (×)

제27조

① 모든 국민은 헌법과 법률이 정한 법관에 의하여 법률에 의한 재판을 받을 권리를 가진다.

- 재판청구권은 법인과 외국인에도 인정된다.
- 재판청구권은 적어도 한 번의 사실심과 법률심을 받을 권리를 말한다. 따라서 모든 사건에 대해 대법원의 재판을 받을 권리가 인정되는 것은 아니다.
- 국민참여형사재판을 받을 권리는 재판청구권에 포함되지 않는다.
- 공정한 헌법재판을 받을 권리는 재판청구권에 포함된다.
- 국가·지자체는 헌법소원은 할 수 없지만, 일반적인 소송은 가능하다.

1. 헌법 제27조 제1항에서 말하는 '헌법과 법률이 정한 법관에 의하여 법률에 의한 재판을 받을 권리'가 사건의 경중을 가리지 않고 모든 사건에 대하여 대법원을 구성하는 법관에 의한 균등한 재판을 받을 권리를 의미한다거나 또는 상고심재판을 받을 권리를 의미하는 것은 아니다. [법무사 15] (○)

제27조

② 군인 또는 군무원이 아닌 국민은 대한민국의 영역안에서는 중대한 군사상 기밀·초병·초소·유독음식물공급·포로·군용물에 관한 죄중 법률이 정한 경우와 비상계엄이 선포된 경우를 제외하고는 군사법원의 재판을 받지 아니한다.

- 일반국민도 군사재판을 받는 경우가 있다. 비상계엄의 경우에만 한정되는 것이 아니다.
- '전투용에 공하는 시설'을 손괴한 군인 또는 군무원이 아닌 국민이 군사법원에서 재판받도록 하는 부분은 헌법과 법률이 정한 법관에 의한 재판을 받을 권리를 침해한다.(헌재 2013.11.28. 2012헌가10)

1. 군인 또는 군무원이 아닌 국민에 대한 군사법원의 예외적인 재판권을 정한 헌법 제27조 제2항에 규정된 군용물에는 군사시설이 포함된다. [국가7급 18] (×)

제27조

③ 모든 국민은 신속한 재판을 받을 권리를 가진다. 형사피고인은 상당한 이유가 없는 한 지체없이 공개재판을 받을 권리를 가진다.

- 신속한 재판과 공개재판은 명문규정이 있으나 공정한 재판은 명문규정이 없다. 다만 공정한 재판을 받을 권리는 당연히 기본권으로 인정된다.

1. 헌법에 재판청구권의 내용으로 신속한 재판을 받을 권리가 명시적으로 규정되어 있지 않다. [법무사 20] (×)
2. 헌법 제27조 제3항은 '모든 국민은 신속한 재판을 받을 권리를 가진다'고 규정하고 있으므로 모든 국민은 법률에 의한 구체적 형성이 없어도 직접 신속한 재판을 청구할 수 있는 권리를 가진다. [경찰승진 15] (×)

제27조

④ 형사피고인은 유죄의 판결이 확정될 때까지는 무죄로 추정된다.

- 제8차개헌
- 무죄추정원칙은 형사사건이 아닌 경우에도 적용된다(법위반사실의 공표명령은 무죄추정원칙 위반).
- 무죄추정원칙에서 불구속수사의 원칙과 미결구금일수의 본형산입원칙이 나온다.
- 무죄추정원칙에 의해 유죄의 입증책임은 검사에게 있다. 따라서 의심스러울때는 피고인의 이익으로(in dubio pro reo) 원칙에 의해 유죄판결을 할 수 없다.

1. 형사피고인은 유죄의 판결이 선고될 때까지는 무죄로 추정된다. [법무사 19] (×)

제27조

⑤ 형사피해자는 법률이 정하는 바에 의하여 당해 사건의 재판절차에서 진술할 수 있다.

- 제9차개헌
- 여기서의 피해자는 실체법상의 피해자(살인죄의 사망자)에 한정되지 않는다.
- 교특법위반사건에서 중상해의 경우에도 공소제기를 못하게 하는 것은 피해자의 재판절차진술권을 침해하고 평등권도 침해하였다.
- 교특법사건에서 중상해의 경우에도 공소제기를 못하게 하는 것은 피해자의 재판절차진술권을 침해하고 평등권도 침해하였다. 기본권보호의무를 위반한 것은 아니다. 일반상해의 경우는 합헌이다.

1. 헌법 제27조 제5항이 정한 법률유보는 기본권으로서의 재판절차진술권을 보장하고 있는 헌법규범의 의미와 내용을 법률로써 구체화하기 위한 것이다. [법원9급 12] (O)
2. 형사피해자의 재판절차진술권의 형사피해자는 범죄피해자구조청구권의 범죄피해자보다 넓은 개념이다. [국회9급 18] (O)

제28조

형사피의자 또는 형사피고인으로서 구금되었던 자가 법률이 정하는 불기소처분을 받거나 무죄판결을 받은 때에는 법률이 정하는 바에 의하여 국가에 정당한 보상을 청구할 수 있다.

- 형사피고인의 보상청구권은 건국헌법 때부터, 피의자는 제9차개헌에서 규정하였다.
- 기소유예, 기소중지에 대해서는 보상청구불가
- 형사피고인의 보상청구에 관한 제척기간을 1년으로 정한 것은 헌법불합치 → 지금은 무죄재판이 확정된 사실을 안 날부터 3년, 무죄재판이 확정된 때부터 5년 이내에 하여야 한다.
- 형사보상결정금액의 상한선을 정한 것은 합헌. 형사보상결정에 대한 불복을 금지하는 것은 재판청구권 침해

1. 헌법 제28조는 형사보상에 있어서의 정당한 보상을 명문으로 규정하고 있다. [법무사 14] (O)

제29조

① 공무원의 직무상 불법행위로 손해를 받은 국민은 법률이 정하는 바에 의하여 국가 또는 공공단체에 정당한 배상을 청구할 수 있다. 이 경우 공무원 자신의 책임은 면제되지 아니한다.

- 외국인은 상호보증의 범위내에서 인정
- 이때 공무원은 최광의 개념. 직무는 외형을 객관적으로 관찰하여 객관적으로 직무행위인 이상 피해자가 직무행위 아님을 알았더라도 국가배상이 가능하다.
- 헌법에는 영조물 책임에 관한 규정이 없다.
- 경과실의 경우에는 국가만 책임
- 고의 · 중과실의 경우는 피해자가 국가나 공무원에게 선택적 청구 가능
- 국가가 배상한 경우에 공무원에게 구상가능.

1. 공무원의 직무상 불법행위로 손해를 받은 국민이 법률이 정하는 바에 의하여 국가 또는 공공단체에 정당한 배상을 청구하였을 때 공무원 자신의 책임은 면제된다. [입법고시 17] (×)

제29조

② 군인 · 군무원 · 경찰공무원 기타 법률이 정하는 자가 전투 · 훈련등 직무집행과 관련하여 받은 손해에 대하여는 법률이 정하는 보상외에 국가 또는 공공단체에 공무원의 직무상 불법행위로 인한 배상은 청구할 수 없다.

- 제7차 개헌
- 소집중인 향토예비군과 전경은 이중배상금지 대상이고 공익과 경비교도대원은 국가배상이 가능하다.

1. 군무원이 직무집행과 관련하여 받은 손해에 대하여는 법률이 정하는 보상 외에 국가 또는 공공단체에 공무원의 직무상 불법행위로 인한 배상은 청구할 수 없다. [국회9급 14] (O)

제30조

타인의 범죄행위로 인하여 생명 · 신체에 대한 피해를 받은 국민은 법률이 정하는 바에 의하여 국가로부터 구조를 받을 수 있다.

- 제9차개헌
- 외국인은 상호보증의 범위내에서 인정
- 정당한 보상이 아니라 구조로 규정되어 있다. 범죄피해자구조법에서 금전보상외의 구조도 규정하고 있다.

1. 범죄피해자구조청구권은 생명, 신체에 대한 피해를 입은 경우에 적용되는 것은 물론이고 재산상 피해를 입은 경우에도 적용된다. [경찰승진 20] (×)

제31조

① 모든 국민은 능력에 따라 균등하게 교육을 받을 권리를 가진다.

- 이때의 능력은 일신전속적 능력을 말하고 경제적 능력에 따른 차별은 금지된다.

1. 헌법 제31조 제1항에서 보장되는 교육의 기회균등권은 정신적·육체적 능력 이외의 성별·종교·경제력·사회적 신분 등에 의하여 교육을 받을 기회를 차별하지 아니함과 동시에, 국가가 모든 국민에게 균등한 교육을 받게 하고 특히 경제적 약자가 실질적인 평등교육을 받을 수 있도록 적극적 정책을 실현해야 한다는 것을 의미한다. [법무사 19] (O)

제31조

② 모든 국민은 그 보호하는 자녀에게 적어도 초등교육과 법률이 정하는 교육을 받게 할 의무를 진다.

- 초등교육은 헌법에 규정이 있고, 중등이상의 교육은 법률사항이다.

1. 헌법 제31조 제2항은 초등교육과 법률이 정하는 교육을 의무교육으로서 실시하도록 규정하였으므로 초등교육 이외에 어느 범위의 교육을 의무교육으로 할 것인가에 대한 결정은 입법자에게 위임되어 있다. 초등교육 이외의 의무교육은 구체적으로 법률에서 이에 관한 규정이 제정되어야 가능하고 초등교육 이외의 의무교육의 실시 범위를 정하는 것은 입법자의 형성의 자유에 속한다. [법무사 19] (O)
2. 헌법은 초등교육과 중등교육을 의무교육으로 실시하도록 명문으로 규정하고 있다. [행정고시 18] (×)

제31조

③ 의무교육은 무상으로 한다.

- 의무교육의 대상은 교육에 필수적인 사항이다.

1. 헌법 제31조 제3항에 규정된 의무교육의 무상원칙에 있어서 의무교육 무상의 범위는 원칙적으로 헌법상 교육의 기회균등을 실현하기 위해 필수불가결한 비용, 즉 모든 학생이 의무교육을 받음에 있어서 경제적 차별 없이 수학하는 데 반드시 필요한 비용에 한한다. [법무사 14] (O)

제31조

④ 교육의 자주성·전문성·정치적 중립성 및 대학의 자율성은 법률이 정하는 바에 의하여 보장된다.

- 대학의 자율성은 제9차개헌에서 규정되었다.
- 대학의 자율은 대학자체가 가지는 기본권이다. 사안에 따라서는 대학의 전구성원에게 인정되는 경우도 있다.

1. 헌법 제31조 제4항의 교육의 자주성이나 대학의 자율성은 헌법 제22조 제1항이 보장하고 있는 학문의 자유의 확실한 보장수단으로 꼭 필요하지만 이는 대학에게 부여된 헌법상의 기본권은 아니다. [법무사 15] (×)

제31조

⑤ 국가는 평생교육을 진흥하여야 한다.

- 제8차개헌

제31조

⑥ 학교교육 및 평생교육을 포함한 교육제도와 그 운영, 교육재정 및 교원의 지위에 관한 기본적인 사항은 법률로 정한다.

- 사립학교운영의 자유는 헌법상의 기본권이다.

1. 헌법 제31조 제6항이 규정하고 있는 교원지위법정주의는 교원의 권리 혹은 지위의 보장에 관한 것만이 아니라 교원의 기본권 제한의 근거규정이 되기도 한다. [국회9급 14] (○)
2. 교원의 노동권, 노동조합 등에 관하여는 헌법 제31조 제6항의 교원지위법정주의 조항이 헌법 제33조의 노동3권 조항보다 우선하여 적용된다. [국회9급 14] (○)

제32조

① 모든 국민은 근로의 권리를 가진다. 국가는 사회적·경제적 방법으로 근로자의 고용의 증진과 적정임금의 보장에 노력하여야 하며, 법률이 정하는 바에 의하여 최저임금제를 시행하여야 한다.

- 근로의 권리는 개인에게만 인정된다. 노동조합에게는 근로의 권리가 인정되지 않는다. 근로의 권리 중 일자리에 관한 내용은 국민에게만 인정되지만 일할 환경에 관한 부분은 외국인에게도 인정된다.
- 적정임금보장은 제8차 개헌이고 최저임금은 현행헌법에서 규정되었다.
- 근로의 권리는 일자리제공청구권이 아니며 직장존속청구권도 아니다. 단지, 사회적 경제적 방법으로 일자리의 확대를 요구할 수 있는 권리이다.

1. 근로의 권리와 관련하여 현행 헌법은 국가의 고용증진의무를 명문으로 규정하고 있다. [법원9급 21] (○)
2. 최저임금제 시행은 헌법에서 명문으로 규정하고 있다. [법원9급 21] (○)

제32조

② 모든 국민은 근로의 의무를 진다. 국가는 근로의 의무의 내용과 조건을 민주주의원칙에 따라 법률로 정한다.

• 근로의 의무는 법적의무가 아니라 윤리적 의무이다. 공산주의 국가에서는 법적의무로 본다.

1. 근로의 의무는 국민뿐만 아니라 외국인도 그 주체가 된다. [국회8급 12] (×)

제32조

③ 근로조건의 기준은 인간의 존엄성을 보장하도록 법률로 정한다.

• 불법체류 외국인도 근로기준법의 적용을 받는다.

제32조

④ 여자의 근로는 특별한 보호를 받으며, 고용·임금 및 근로조건에 있어서 부당한 차별을 받지 아니한다.

• 여자의 근로에 대한 차별을 심사할 때는 엄격한 비례심사를 한다. 헌법이 특별히 평등을 요구하고 있는 경우이기 때문이다.

1. 근로의 권리와 관련하여 현행 헌법은 여성 근로자의 특별한 보호를 명문으로 규정하고 있다. [법원9급 18] (O)

제32조

⑤ 연소자의 근로는 특별한 보호를 받는다.

• 근로에 있어서 특별보호는 여자와 연소자에 대해 규정하고, 장애인에 대해서는 국가의 보호를 규정하고 있지만 장애인의 근로에 대해서는 규정이 없다.

1. 우리 헌법은 연소자의 근로는 특별한 보호를 받는다고 명문으로 규정하고 있다. [법무사 21] (O)

제32조

⑥ 국가유공자 · 상이군경 및 전몰군경의 유가족은 법률이 정하는 바에 의하여 우선적으로 근로의 기회를 부여받는다.

- 국가유공자와 상이군경의 경우에는 본인만 헌법에서 차별을 허용하고 있고, 가족의 경우는 헌법이 근로기회를 인정하는 것이 아니다.
- 전몰군경의 유가족은 본인이 사망한 경우니까 유가족에게 근로의 기회를 부여한다.
- 따라서 국가유공자와 상이군경 본인에 대해서는 완화된 심사를 하고 그 가족에게는 엄격한 심사를 한다.

1. 근로의 권리와 관련하여 현행 헌법은 국가유공자 등에 대한 근로기회 우선보장을 명문으로 규정하고 있다. [법원9급 18] (O)
2. 헌법에서는 국가유공자의 유가족, 상이군경의 유가족 및 전몰군경의 유가족은 법률이 정하는 바에 의하여 우선적으로 근로의 기회를 부여받는다고 규정하고 있다. [행정고시 20] (×)

제33조

① 근로자는 근로조건의 향상을 위하여 자주적인 단결권 · 단체교섭권 및 단체행동권을 가진다.

- 단결권에는 적극적 단결권(단결할 권리)만 인정되고 소극적 단결권(단결하지 않을 권리)은 인정되지 않는다. 소극적 단결권은 일반적 행동자유권 또는 결사의 자유에 의해 보장된다.
- 단체교섭권의 대상은 근로조건과 관계되는 사항에 한정된다.

1. 헌법은 근로자의 단결권 · 단체교섭권 · 단체행동권을 보장하고 있다. [경찰승진 16] (O)
2. 헌법 제33조 제1항에 규정되어 있는 단체행동권의 주체는 근로자와 사용자이다. [국가7급 07] (×)
3. 쟁의행위의 목적은 근로조건의 향상을 위한 것이어야 한다. [국회8급 11] (O)

제33조

② 공무원인 근로자는 법률이 정하는 자에 한하여 단결권 · 단체교섭권 및 단체행동권을 가진다.

- 공무원도 근로자임을 헌법에서 명시하고 있다. 사실상 노무에 종사하는 공무원은 근로3권을 모두 가지나, 그 외의 공무원은 단결권과 단체교섭권만 인정된다. 사실상노무에 종사하는 공무원의 범위를 조례로 위임하였는데 이 조례를 정하지 않은 행정입법부작위는 헌법에 위반된다.
- 공무원의 근로3권에는 과잉금지원칙이 적용되지 않는다.

1. 단결권 · 단체교섭권 및 단체행동권을 가지는 공무원의 범위를 법률로 정할 경우 헌법에 위반된다. [국가7급 11] (×)

제33조
③ 법률이 정하는 주요방위산업체에 종사하는 근로자의 단체행동권은 법률이 정하는 바에 의하여 이를 제한하거나 인정하지 아니할 수 있다.

• 방산체 종사자에게 제한되는 것은 단체행동권이고 단결권과 교섭권은 제한되지 않는다.

1. 헌법은 "법률이 정하는 주요방위산업체에 종사하는 근로자의 단결권은 법률이 정하는 바에 의하여 이를 제한하거나 인정하지 아니할 수 있다."라고 규정하고 있다. [행정고시 15] (×)
2. 법률이 정하는 주요방위산업체에 종사하는 근로자의 단체교섭권은 법률이 정하는 바에 의하여 이를 제한하거나 인정하지 아니할 수 있다. [행정고시 17] (×)
3. 법률이 정하는 주요방위산업체에 종사하는 근로자의 근로3권은 법률이 정하는 바에 의하여 이를 제한하거나 인정하지 않을 수 있다. [서울7급 15] (×)

제34조
① 모든 국민은 인간다운 생활을 할 권리를 가진다.

• 제5차 개헌에서 규정. 인간다운 생활의 내용에 대해 헌재는 최소한의 물질적생활까지만 인정한다. 국민기초생활보장법은 건강하고 문화적인 생활까지 인정한다.

1. 헌법재판소는 헌법 제34조 제1항이 정하고 있는 인간다운 생활을 할 권리는 법률에 의하여 구체화될 때 비로소 인정되는 법률상의 권리라고 본다. [국회8급 16] (○)

제34조
② 국가는 사회보장·사회복지의 증진에 노력할 의무를 진다.

• 사회보험(의료보험)은 본인의 부담이 있고 공적부조(의료급여)는 본인의 부담없이 국가가 지원한다(국민기초생활보장법)

1. 사회보장수급권은 사회적 기본권으로서 국가에게 적극적으로 급부를 요구할 수 있는 권리를 주된 내용으로 하며, 헌법 제34조 제1항, 제2항에 의하여 보장된다. [법원9급 20] (○)
2. 사회보장수급권은 헌법 제34조 제1항 및 제2항 등으로부터 개인에게 직접 주어지는 헌법적 차원의 권리이다. [서울7급 13] (×)

제34조

③ 국가는 여자의 복지와 권익의 향상을 위하여 노력하여야 한다.

- 여성고용특별법

제34조

④ 국가는 노인과 청소년의 복지향상을 위한 정책을 실시할 의무를 진다.

- 청소년보호법, 노인복지법

제34조

⑤ 신체장애자 및 질병·노령 기타의 사유로 생활능력이 없는 국민은 법률이 정하는 바에 의하여 국가의 보호를 받는다.

- 장애인의 근로에 대해서는 규정이 없다. 헌법은 신체장애자에 대한 국가의 보호는 규정하고 있으나 장애인 근로자의 특별한 보호는 명문규정이 없다.

1. 근로의 권리와 관련하여 현행 헌법은 장애인 근로자의 특별한 보호를 명문으로 규정하고 있다.

   [법원9급 18] (×)

제34조

⑥ 국가는 재해를 예방하고 그 위험으로부터 국민을 보호하기 위하여 노력하여야 한다.

- 중대재해방지법

1. 현행 헌법은 국가가 여자의 복지와 권익의 향상을 위하여 노력하고, 재해를 예방하고 그 위험으로부터 국민을 보호하기 위하여 노력하도록 규정하고 있다.

   [변호사 20] (O)

2. 헌법은 국가의 재해예방 의무에 대해서 아무런 규정을 두고 있지 않다. [법원9급 21] (×)

제35조
① 모든 국민은 건강하고 쾌적한 환경에서 생활할 권리를 가지며, 국가와 국민은 환경보전을 위하여 노력하여야 한다.

- 제8차 개헌
- 환경권은 권리인 동시에 의무의 성격이 있다.
- 자연환경뿐만 아니라 인공환경(소음)도 보호대상이다.

1. 환경보전은 단순히 국가의 노력만으로 이루어지기는 어려우므로 헌법은 국민의 환경보전 노력 의무도 규정하고 있다. [법무사 18] (○)

제35조
② 환경권의 내용과 행사에 관하여는 법률로 정한다.

- 환경정책기본권(무과실책임)

1. 환경권을 구체화하는 명문의 법률규정이 없더라도, 헌법 제35조 제1항을 근거로 하여 환경권 침해의 배제를 구하는 민사소송을 제기할 수 있다. [서울7급 13] (×)

제35조
③ 국가는 주택개발정책등을 통하여 모든 국민이 쾌적한 주거생활을 할 수 있도록 노력하여야 한다.

- 제9차개헌

제36조
① 혼인과 가족생활은 개인의 존엄과 양성의 평등을 기초로 성립되고 유지되어야 하며, 국가는 이를 보장한다.

- 헌법이 특별히 평등을 요구하는 경우이므로 가족을 차별하는 입법에 대한 심사기준은 엄격한 비례원칙이 적용된다.
- 혼인과 가족생활의 평등은 자유권＋제도보장＋모든 공사법상의 모든 문제에 적용되는 헌법적 원리이다.
- 자산소득부부합산제, 종부세 세대합산은 제36조 제1항 위배, 혼인빙자간음 처벌도 제36조 제1항 위배(입법목적의 정당성이 인정되지 않음).
- 공동사업합산과세는 위헌(비례원칙위반)이나 제36조 제1항 위배는 아님.

1. 현행헌법은 혼인과 가족생활에 대한 국가의 보장의무를 규정하고 있다. [법무사 13] (○)
2. 헌법 제36조 제1항에서 규정하는 '혼인'이란 양성이 평등하고 존엄한 개인으로서 자유로운 의사의 합치에 의하여 생활공동체를 이루는 것을 말하므로, 법적으로 승인되지 아니한 사실혼도 헌법 제36조 제1항의 보호범위에 포함된다. [변호사 17] (×)

제36조

② 국가는 모성의 보호를 위하여 노력하여야 한다.

• 제9차개헌

제36조

③ 모든 국민은 보건에 관하여 국가의 보호를 받는다.

• 감염병예방법

1. 국민의 보건에 관한 권리는 국민이 자신의 건강을 유지하는데 필요한 국가적 급부와 배려까지 요구할 수 있는 권리를 포함하는 것은 아니다. [행정고시 21] (×)

제37조

① 국민의 자유와 권리는 헌법에 열거되지 아니한 이유로 경시되지 아니한다.

• 명문의 규정이 없어도 기본권으로 인정된다.

제37조

② 국민의 모든 자유와 권리는 국가안전보장·질서유지 또는 공공복리를 위하여 필요한 경우에 한하여 법률로써 제한할 수 있으며, 제한하는 경우에도 자유와 권리의 본질적인 내용을 침해할 수 없다.

• 국가안전보장은 제7차개헌
• 질서유지는 좁은 의미로 해석
• 일반적법률유보(모든 자유와 권리를 법률로 제한)
• 과잉금지원칙(필요한 경우에 한하여): 목적의 정당성 → 수단의 적합성 → 침해의 최소성 → 법익균형성
• 본질적 내용침해금지(제3차에서 규정 → 제7차개헌에서 삭제 → 제8차개헌에서 다시 규정)

1. 헌법 제37조 제2항에 기본권의 제한은 법률로써 가능하도록 규정되어 있는바, 이는 기본권의 제한이 원칙적으로 국회에서 제정한 형식적 의미의 법률에 의해서만 가능하다는 것과, 직접 법률에 의하지 아니하는 예외적인 경우라 하더라도 엄격히 법률에 근거하여야 한다는 것을 의미한다. [변호사 15] (○)

- 기본권의 제한은 **법률에 의한 제한뿐만 아니라 법률에 근거한 제한도 가능하다.** 즉 법률에서 위임한 법규명령 등에 의한 제한도 가능하다. 법률의 구체적 위임을 받은 위임명령으로도 기본권을 제한할 수 있다(헌법 제75조, 제95조) 다만 그 위임의 정도는 구체적 위임이어야 한다. 집행명령은 상위법의 집행절차에 불과하기 때문에 **집행명령으로 기본권을 제한할 수는 없다.**
- 행정규칙은 원래 행정청 내부의 업무에 관한 것을 내용으로 하기 때문에 국민의 권리·의무에 관한 사항을 정할 수 없다(훈령, 고시 등). 그러나 행정규칙이 상위 법령과 결합하여 대외적 구속력을 가지는 '법령보충적 행정규칙'의 경우에는 기본권을 제한할 수 있다.

제38조
모든 국민은 법률이 정하는 바에 의하여 납세의 의무를 진다.

- 전국가적 의무는 없다.

제39조
① 모든 국민은 법률이 정하는 바에 의하여 국방의 의무를 진다.

- 군정·군령 일원주의

1. 병역의무는 국민 전체의 인간으로서의 존엄과 가치를 보장하기 위한 것이므로, 양심적 병역거부자의 양심의 자유가 국방의 의무보다 우월한 가치라고 할 수 없다. [경찰승진 22] (O)

제39조

② 누구든지 병역의무의 이행으로 인하여 불이익한 처우를 받지 아니한다.

- 병역의무 이행 중에 입은 불이익은 여기에 해당하지 않는다.
- 사실상·경제상의 불이익이 아니라 법적인 불이익을 의미한다. 그러나 병역의무이행을 직접적 이유로 한 불이익만이 아니라 병역의무 이행으로 인한 결과적 간접적 불이익을 포함한다.

1. 헌법 제39조 제2항의 "누구든지 병역의무의 이행으로 인하여 불이익한 처우를 받지 아니한다."에서 금지하는 불이익 처우에는 법적인 것뿐만 아니라 사실상·경제상의 불이익까지 포함한다. [국회8급 12] (×)

제 **3** 장 국회

● 권력분립 원리의 본질

권력분립원리는 국민의 자유와 권리를 보호하기 위한 **자유주의적 원리**이다. 따라서 의회를 필수적 전제로 하지만, **민주주의와 반드시 결부되는 것은 아니다.** 고전적 권력분립제는 민주국가의 실현을 위한 수단으로 제창된 것이 아니었다.

● 의원내각제와 대통령제의 구성방법

	의원내각제	대통령제
민주적 정당성	일원화	이원화
행정부의 구조	이원화(군주와 수상)	일원화(대통령 중심)
행정부의 성립	상호의존과 권력의 균형	상호독립
책임	정치적 책임(내각불신임과 의회해산)	법적 책임(탄핵)
탄핵	인정	인정
불신임	인정	부정
의회해산	인정	부정
정부의 법률안 제출권	인정	부정(우리나라는 인정)
정부의 법률안 거부권	부정	인정
각료회의	의결기구	자문기구(우리나라는 심의기구)
각료의 의원직 겸직	인정	부정(우리나라는 인정)
각료의 의회 출석 발언권	인정	부정(우리나라는 인정)

제40조

입법권은 국회에 속한다.

- 건국헌법은 단원제, 제1차 개헌에서는 양원제를 채택했으나, 실시되지 못함.(헌법변천) 제2공헌법에서 양원제 실시. 참의원은 도 단위의 대선거구제 채택
- 양원제는 의회의 기능이 약화된다.

법률제정절차

법률안 제출	정 부	• 국무회의의 심의를 거쳐 제출. 정부의 법률안 제출권은 의원내각제 요소. 미국은 정부의 법률안제출권이 인정되지 않는다. 예산상 조치가 필요한 경우는 예상되는 비용에 대한 추계서와 비용조달 방안에 관한 자료를 제출해야 한다.
	의 원	• 의원 10人 이상(법률안수정동의 30人 이상)(국회법 §79) • 국회가 제출한 법률이 예산상 조치가 필요한 경우는 예상되는 비용에 대한 추계서만 제출하면 된다. • 법률안실명제 도입
	위원회	• 제출자는 위원장이 된다. 재적과반수 출석과 출석 과반수로 의결

⇩

본회의 보고	의 장	• 의회가 휴회·폐회 중에는 생략 가능(국회법 §81)

⇩

소관상임위에 회부	의 장	• 소관상임위 불명확시 의장이 국회운영위와 협의 결정 → 협의가 안되면 의장이 결정 • 위원회는 회부된 법률안에 대하여 위원회 상정 → 제안자 취지설명 → 전문위원 검토보고 → 대체토론 → 상설소위원회심사보고 → 축조심사 → 찬반토론 → 의결(표결)의 순서로 심사(국회법 §58) 대체토론을 거치지 않고는 소위원회에 회부할 수 없다. 상임위는 축조심사를 생략할 수 있다. 그러나 제정법률과 전부개정법률에 대해서는 생략할 수 없다. 소위원회는 축조심사를 생략할 수 없다.

⇩

위원회 의결	위원회	• 의사정족수: 재적 1/5 이상 출석으로 개회, 의결정족수: 재적과반수 출석과 출석 과반수로 의결 • 위원회에서 폐기된 법안(pigeon hole): 위원회는 법안을 폐기할 수 있다. 그러나 본회의에 보고 된 날로부터 폐회 또는 휴회 중의 기간을 제외한 7일 이내 의원 30인 이상의 요구가 있을 때 그 의안을 본회의에 부의(discharge of the committee)해야 한다. 이를 위원회의 해임이라고 한다. • 위원회에서 제출한 의안은 위원회 의결 생략(그러나 의장이 국회운영위의 의결에 따라 다른 위원회에 회부할 수 있음)

⇩

체계 · 자구 심사		법제사법위원회(국회법 §86)

⇩

전원위원회 심사 (임의적)	전 원 위원회	정부조직에 관한 법률안, 조세 또는 국민에게 부담을 주는 법률안 등 주요 의안에 대해서는 당해안건의 본회의 상정 전이나 상정 후 재적의원 4분의 1 이상의 요구가 있으면 전원위원회의 심사를 거침(국회법 §63의2) 전원위원회는 재적 4분의 1 이상이 요구하면 열리고 매일 회의는 5분의 1 이상이 출석해야한다. 의결에는 재적 4분의 1 이상의 출석과 출석과반수의 찬성이 필요하다. ※ 법안수정권 있음.

⇩		
본회의 의결	본회의	• 의사정족수: 재적 1/5 이상 출석 개의, 의결정족수: 재적과반수 출석과 출석 과반수로 의결 • 의안의 철회: 의원·정부는 본회의·위원회의 의제로 상정된 후, 본회의·위원회 동의 얻어 의안철회 가능 • 수정: 의원 30人 이상(예산안 경우 50人 이상) ※ 의원은 정부안에 대한 수정안 제출 가능, 그러나 정부는 의원안에 대한 수정안 제출 불가
⇩		
정부 이송	정 부	• 대통령이 서명하고 관계 국무위원이 부서하면 법률로서 성립·확정
⇩		
대통령의 환부거부	대통령	• 이송일로부터 15일내(15일 이내에 거부 없으면 법률로서 성립·확정) • 일부거부, 수정거부 불가·폐회중에도 환부거부하여야 한다. • 대통령의 보류거부: 국회 임기만료시 예외적으로 인정된다는 견해 있지만, 명문의 규정은 없다.
⇩		
국회의 재의결	국 회	• 재적 과반수 출석·출석 2/3 찬성으로 의결 ⇨ 법률로서 성립·확정 ※ 재의결안의 공포: 재의결된 법률안이 정부로 이송후 5일내 대통령이 공포하지 않는 경우 국회의장이 공포(헌법 §53)
⇩		
공 포	대통령 (국회의장)	대통령이 15일내(확정된 법률을 공포하지 않는 경우 국회의장이 공포) • 공포의 방법: 관보에 게재 – 국회의장의 법률안 공포는 서울시에서 발행되는 일간신문 2개 이상에 게재(법령등공포에관한법률) • 공포시점: 관보에 최초구독가능시설이 통설·판례
⇩		
효력발생		• 법률의 규정이 없으면 공포후 20日 경과(§53) • 국민의 권리제한·의무부과 법률은 30日 경과 • 시행일이 규정된 경우에도 공포가 시행일 이후이면 시행일규정은 효력상실("공포 없으면 효력 없다")

제41조

① 국회는 국민의 보통·평등·직접·비밀선거에 의하여 선출된 국회의원으로 구성한다.

- 자유선거에 대한 명문 규정은 없지만 당연히 인정된다.
- 보통선거의 확립은 고전적 대의제의 위기 원인이다.

1. 현행 헌법은 대통령 선거에 관하여 국민의 보통·평등·직접·비밀선거의 원칙을 규정하고 있고, 국회의원 선거에 관하여는 위 원칙들에 관한 규정이 없으나, 헌법해석상 당연히 적용되는 것으로 보아야 한다. [법원9급 20] (×)

제41조

② 국회의원의 수는 법률로 정하되, 200인 이상으로 한다.

- 현재 국회의원 수는 300명.
- 국회의원 선거구 획정위원회는 중앙선관위에 두지만, 자치구·시·군의원 선거구획정위원회는 시·도에 둔다.
- 기초의원은 중선거구제(2명에서 4명)로 한다.

1. 국회의원의 수는 헌법에 규정되어 있으며, 300인으로 한다. [행정고시 19] (×)
2. 헌법은 국회의원 수의 하한을 200명으로 명시하고 있다. [국회9급 20] (○)

제41조

③ 국회의원의 선거구와 비례대표제 기타 선거에 관한 사항은 법률로 정한다.

- 제4공 때 국회의원 중선거구, 제2공 때 참의원 대선거구로 실시하였다.
- 비례대표가 헌법에 처음 도입된 것은 제8차 개헌. 제5차 개헌 때는 국회법에 도입.
- 비례대표에서 1인1표제는 민주주의 원리, 직접선거원칙, 평등선거원칙에 위배된다. - 별도의 정당투표를 허용하지 않는 범위에서 헌법에 위반된다.(한정위헌)

1. 국회의원의 수는 법률로 정하되 200인 이상으로 하며, 국회의원의 선거구와 비례대표제 기타 선거에 관한 사항은 법률로 정한다. [국회8급 15] (○)

제42조

국회의원의 임기는 4년으로 한다.

- 보궐선거의 경우는 전임자의 잔임기간으로 한다.
- 비례대표의 경우 제명을 당해도 의원직을 유지하지만, 자진 탈당하면 의원직 상실사유이다.

제43조

국회의원은 법률이 정하는 직을 겸할 수 없다.

- 국회의원은 국무총리나 국무위원을 겸직할 수 있다(의원내각제 요소)
- 국회의장·부의장은 국무총리나 국무위원을 겸직할 수 없다.
- 국회의원이 법률이 금지하는 직에 취임하면 퇴직된다.

1. 국회의원의 겸직금지의무는 헌법에서 명문으로 규정하고 있다. [법무사 15] (O)

제44조

① 국회의원은 현행범인인 경우를 제외하고는 회기중 국회의 동의없이 체포 또는 구금되지 아니한다.

- 불체포특권(의원의 특권인 동시에 의회의 특권이다. 따라서 포기할 수 없다.)
- only 국회의원에게만 인정된다.
- 현행범인인 경우는 불체포특권은 일체 인정되지 않는다.
- 휴회도 회기중에 포함된다.
- 국회의 동의가 있으면 회기 중에도 체포된다.
- 체포·구금만 면제된다. 불구속 수사 후 형이 확정되면 집행할 수 있다.

1. 어떠한 경우에도 회기 중에는 국회의원을 체포 또는 구금할 수 없다. [국회9급 11] (×)
2. 국회의원의 불체포특권은 휴회 중에도 인정된다. [지방7급 10] (×)
3. 국회의원은 현행범인인 경우에도 회기 중 국회의 동의없이 체포 또는 구금되지 아니한다. [법무사 16] (×)

제44조

② 국회의원이 회기전에 체포 또는 구금된 때에는 현행범인이 아닌 한 국회의 요구가 있으면 회기중 석방된다.

- 국회의 동의를 받기 위해서 관할법원의 판사는 영장을 발부하기 전에 체포동의요구서를 정부에 제출하여야 하며, 정부는 이를 수리한 후 국회에 체포동의를 요청하여야 한다.(국회법 제26조)

1. 국회의원이 회기 전에 구속된 경우 국회의 회기가 개시된다고 하더라도 자동적으로 석방되는 것은 아니다. [국가7급 11] (O)
2. 국회의원이 현행범인으로 회기 전에 체포 또는 구금된 경우에도 국회의 요구가 있으면 회기 중에 석방된다. [지방7급 13] (×)

제45조

국회의원은 국회에서 직무상 행한 발언과 표결에 관하여 국회외에서 책임을 지지 아니한다.

- 면책특권(의원의 특권인 동시에 의회의 특권이다. 따라서 포기할 수 없다.)
- only 국회의원에게만 인정된다.
- 국회의 업무 수행중인 모든 공간에서 인정된다.
- 직무부수 행위도 포함된다.
- 발언과 표결이 아닌 폭행 등은 제외된다.
- 국회 내에서의 책임은 인정된다.
- 민형사상의 법적 책임이 면제된다. 정치적 책임이나 징계는 가능하다.
- 면책특권에 대해 검사가 공소를 제기하면 '공소제기의 절차가 법률의 규정에 위반하여 무효일 때'에 해당하여, 무죄가 아닌 공소기각의 판결을 선고하게 된다.
- 대통령의 불소추특권에 대해 공소제기한 경우는 재판권의 부존재 사유에 해당하여 공소기각의 판결을 한다.

1. 국회의원은 국회에서 직무상 행한 발언과 표결에 관하여 국회내에서 책임을 지지 아니한다. [행정고시 20] (×)

제46조

① 국회의원은 청렴의 의무가 있다.

- ① 청렴의 의무 ② 국가이익우선의 의무 ③ 이권불개입의 의무(지위남용금지의무) ④ 겸직금지의 의무는 헌법상 의무이다.

1. 국회의원의 청렴 의무는 헌법에 명문으로 규정되어 있다. [법원9급 13] (○)

제46조

② 국회의원은 국가이익을 우선하여 양심에 따라 직무를 행한다.

- 국가이익우선의무 규정은 자유위임의 헌법적 근거이다. 자유투표(교차투표)는 국회법에 규정이 있다.

1. 직무수행에 있어서 국가이익우선의무는 헌법상의 의무이다. [국회8급 14] (○)
2. 국회의원의 양심에 따른 직무수행은 헌법에서 명문으로 규정하고 있다. [법무사 15] (○)
3. 양심에 따른 직무수행의무는 법률상의 의무이다.
[국회8급 14] (×)

제46조

③ 국회의원은 그 지위를 남용하여 국가·공공단체 또는 기업체와의 계약이나 그 처분에 의하여 재산상의 권리·이익 또는 직위를 취득하거나 타인을 위하여 그 취득을 알선할 수 없다.

• 이권불개입의 의무 또는 지위남용금지의무라고 한다.

1. 지위남용금지의무는 헌법상의 의무이다.
   [국회8급 14] (O)

2. 국회의원의 청렴의무, 지위남용금지의무, 품위유지의무, 겸직금지의무는 헌법에 규정되어 있다.
   [입법고시 21] (×)

3. 국회의원의 청렴의 의무, 지위남용의 금지는 헌법상 의무이고, 품위유지의 의무와 영리 업무종사금지는 국회법상의 의무이다. [지방7급 15] (O)

제47조

① 국회의 정기회는 법률이 정하는 바에 의하여 매년 1회 집회되며, 국회의 임시회는 대통령 또는 국회재적의원 4분의 1 이상의 요구에 의하여 집회된다.

• 국회의장은 임시회(본회의) 소집요구를 할 수 없다. 그러나 상임위소집요구는 가능하다. 2월·3월·4월·5월 및 6월 1일과 8월 16일에 임시회를 집회한다. 다만, 국회의원 총선거가 있는 경우 임시회를 집회하지 아니하며, 집회일이 공휴일인 경우에는 그 다음 날에 집회한다.

제47조

② 정기회의 회기는 100일을, 임시회의 회기는 30일을 초과할 수 없다.

• 임시회를 계속 열면 연중상시운영도 가능하다.

1. 국회의 임시회는 대통령 또는 국회재적의원 4분의 1 이상의 요구에 의하여 열리고, 그 회기는 30일을 초과할 수 없다. [법원9급 21] (O)

2. 국회의 정기회의 회기는 120일을, 임시회의 회기는 30일을 초과할 수 없다. [법무사 15] (×)

제47조
③ 대통령이 임시회의 집회를 요구할 때에는 기간과 집회요구의 이유를 명시하여야 한다.

- 4분의 1 이상의 요구로 열린 회기에서 매일 회의가 시작되기 위해서는 5분의 1 이상의 출석이 필요. 회의 중 정족수가 미달된 경우 교섭단체대표위원이 정족수 충족을 요구하지 않으면 계속 회의를 진행한다.

1. 대통령이 임시회 집회를 요구하는 경우에 기간을 명시할 필요는 없다. [소방간부 21] (×)

제48조
국회는 의장 1인과 부의장 2인을 선출한다.

- 의장과 부의장 선거는 본회의에서 무기명투표로 재적과반수의 찬성이 있어야 한다.
- 의장은 의장으로 당선된 다음날부터 임기동안은 당적을 가질 수 없다.
- 의장은 국회의원이지만 상임위원은 될 수 없다. 상임위에 출석발언할 수는 있지만 표결하지는 못한다.
- 의장은 단독으로 윤리특위에 의원에 대한 징계안건을 회부할 수 있다.
- 부의장은 당적을 가질수 있고, 상임위원이 된다.

1. 국회의장과 부의장의 수는 헌법규정사항이므로 법률로 변경할 수 없다. [국가7급 10]

제49조
국회는 헌법 또는 법률에 특별한 규정이 없는 한 재적의원 과반수의 출석과 출석의원 과반수의 찬성으로 의결한다. 가부동수인 때에는 부결된 것으로 본다.

- 국회의장은 표결권을 가지지만 가부동수의 경우 결정권을 가지지 못한다.
- 대법관 회의에서 의장인 대법원장은 표결권과 가부동수의 경우 결정권을 가진다.
- 선관위원회 회의에서 위원장은 표결권과 가부동수의 경우 결정권을 가진다.
- 헌법재판관 회의에서 헌법재판소장은 의결권만 인정된다.

1. 의결에 관한 일반정족수는 헌법에 명시적으로 규정되어 있다. [국회9급 10] (○)
2. 국회의결에 있어서 가부동수인 때에는 국회의장이 결정권을 가진다. [법무사 15] (×)

제50조

① 국회의 회의는 공개한다. 다만, 출석의원 과반수의 찬성이 있거나 의장이 국가의 안전보장을 위하여 필요하다고 인정할 때에는 공개하지 아니할 수 있다.

② 공개하지 아니한 회의내용의 공표에 관하여는 법률이 정하는 바에 의한다.

- 본회의, 상임위, 소위원회 모두 공개가 원칙이다. 다만, 소위원회의 의결로 공개하지 아니할 수 있다.
- 계수조정소위원회는 비공개이다.
- 출석의원 과반수의 찬성이 있는 경우는 사유제한 없이 비공개가 가능하다.
- 의장이 비공개로 할 때는 국가안전보장에 한정된다. 국회법 제75조 본회의는 공개한다. 다만, 의장의 제의 또는 의원 10명 이상의 연서에 의한 동의(動議)로 본회의 의결이 있거나 의장이 각 교섭단체 대표의원과 협의하여 국가의 안전보장을 위하여 필요하다고 인정할 때에는 공개하지 아니할 수 있다.

1. 의사공개의 원칙은 헌법에 명시적으로 규정되어 있다.
   [국회9급 10] (O)

2. 국회의 회의는 공개한다. 다만, 재적의원 과반수의 찬성이 있거나 의장이 국가의 안전보장을 위하여 필요하다고 인정할 때에는 공개하지 아니할 수 있다.
   [법원9급 20] (×)

3. 의장이 국가의 안전보장 또는 공공의 질서유지를 위하여 필요하다고 인정할 때에는 회의를 공개하지 아니할 수 있다. [입법고시 18] (×)

제51조

국회에 제출된 법률안 기타의 의안은 회기 중에 의결되지 못한 이유로 폐기되지 아니한다. 다만, 국회의원의 임기가 만료된 때에는 그러하지 아니하다.

- 회기계속의 원칙과 회의공개의 원칙은 헌법상 원칙인데 일사부재의 원칙은 국회법상의 원칙이다.
- **국회법 제74조(산회)** ① 의사일정에 올린 안건의 의사가 끝났을 때에는 의장은 산회를 선포한다.
  ② 산회를 선포한 당일에는 회의를 다시 개의할 수 없다. 다만, 내우 · 외환 · 천재 · 지변 또는 중대한 재정 · 경제상의 위기, 국가의 안위에 관계되는 중대한 교전상태나 전시 · 사변 또는 이에 준하는 국가비상사태로서 의장이 각 교섭단체 대표의원과 합의한 경우에는 그러하지 아니하다.

1. 회기계속의 원칙은 헌법에 명시적으로 규정되어 있다.
   [국회9급 10] (O)

2. 우리 헌법은 국회에 제출된 의안이 회기중에 의결되지 못한 경우에는 폐기된다는 회기불계속의 원칙을 취하고 있다. [법무사 21] (×)

제52조
국회의원과 정부는 법률안을 제출할 수 있다.

• 정부의 법률안 제출권은 의원내각제의 요소이다.

1. 국회의원과 정부는 법률안을 제출할 수 있으며, 정부의 법률안제출권은 미국식 대통령제 정부형태의 요소이다. [변호사 19] (×)
2. 국회의원은 법률안제출권을 가지고 있지만 정부는 법률안제출권을 갖지 않는다. [국회9급 20] (×)

제53조
① 국회에서 의결된 법률안은 정부에 이송되어 15일 이내에 대통령이 공포한다.

• 15일내에 거부하지 않으면 법률로 확정된다.

1. 국회에서 의결된 법률안이 정부에 이송되면, 이송 후 20일 이내에 대통령은 이를 공포하여야 한다.
[서울7급 19] (×)

제53조
② 법률안에 이의가 있을 때에는 대통령은 제1항의 기간 내에 이의서를 붙여 국회로 환부하고, 그 재의를 요구할 수 있다. 국회의 폐회 중에도 또한 같다.

• 우리나라는 환부거부만 인정한다. 미국은 보류거부도 인정된다.

1. 본회의에서 의결되어 정부에 이송된 법률안에 대해 대통령은 10일 이내에 재의요구권을 행사할 수 있다.
[국회9급 14] (×)

제53조
③ 대통령은 법률안의 일부에 대하여 또는 법률안을 수정하여 재의를 요구할 수 없다.

• 대통령은 법률안에 대해서만 재의요구를 할 수 있다. 자치단체장은 의회의 모든 의결에 대해 재의 요구가 가능하다.

1. 대통령의 법률안거부는 법률안 전체를 대상으로 하여야 하며, 법률안 일부에 대한 거부나 법률안 내용을 수정하는 거부는 인정되지 않는다. [입법고시 17] (O)

제53조

④ 재의의 요구가 있을 때에는 국회는 재의에 붙이고, 재적의원과반수의 출석과 출석의원 3분의 2 이상의 찬성으로 전과 같은 의결을 하면 그 법률안은 법률로서 확정된다.

제53조

⑤ 대통령이 제1항의 기간 내에 공포나 재의의 요구를 하지 아니한 때에도 그 법률안은 법률로서 확정된다.

제53조

⑥ 대통령은 제4항과 제5항의 규정에 의하여 확정된 법률을 지체없이 공포하여야 한다. 제5항에 의하여 법률이 확정된 후 또는 제4항에 의한 확정법률이 정부에 이송된 후 5일 이내에 대통령이 공포하지 아니할 때에는 국회의장이 이를 공포한다.

제53조

⑦ 법률은 특별한 규정이 없는 한 공포한 날로부터 20일을 경과함으로써 효력을 발생한다.

• 확정되었다고 효력이 발생하는 것은 아니다. 효력발생은 공포가 있어야 한다.

• 국회의장이 공포할 때는 서울시에서 발간되는 2개 이상의 일간신문에 게재한다.

• 국민의 권리 의무와 관계있는 경우에는 30일을 경과해야 효력이 발생한다. 다만, 헌법규정이 아니라 법률의 규정이다.

1. 대통령이 재의요구한 법률안은 국회에서 재적의원 과반수의 발의와 재적의원 3분의 2의 찬성으로 재의결함으로써 법률로 확정될 수 있다. [국회8급 14] (×)

1. 국회의 재의에 의하여 확정된 법률은 국회의장이 지체없이 이를 공포한다. [법원9급 13] (×)

1. 법률의 효력발생시기는 헌법에서 명문으로 규정하고 있다. [법무사 15] (O)

제54조

① 국회는 국가의 예산안을 심의 · 확정한다.

- 예산안의 편성권은 정부가 심의 · 확정권은 국회가 가진다.
- 예산은 국가만 구속하고 국민을 구속하지 못한다. 따라서 헌법소원의 대상이 아니다. 예산은 공포하지 않아도 효력이 발생한다.

1. 국회는 예산안을 제출할 수 없다. [국회9급 20] (O)

제54조

② 정부는 회계연도마다 예산안을 편성하여 회계연도 개시 90일전까지 국회에 제출하고, 국회는 회계연도 개시 30일전까지 이를 의결하여야 한다.

- 국가재정법은 예산안을 회계연도 개시 120일 전까지 제출하도록 규정하고 있다.

1. 정부는 회계연도마다 예산안을 편성하여 회계연도 개시 60일 전까지 국회에 제출하고 국회는 회계연도 개시 30일 전까지 이를 의결하여야 한다.
[입법고시 21] (×)

제54조

③ 새로운 회계연도가 개시될 때까지 예산안이 의결되지 못한 때에는 정부는 국회에서 예산안이 의결될 때까지 다음의 목적을 위한 경비는 전년도 예산에 준하여 집행할 수 있다.
1. 헌법이나 법률에 의하여 설치된 기관 또는 시설의 유지 · 운영
2. 법률상 지출의무의 이행
3. 이미 예산으로 승인된 사업의 계속

- 회계연도 개시일 까지 예산안이 의결되지 못했을 때 미, 영, 일은 잠정 예산. 건국헌법은 가예산을 취한 적이 있다. 현행 헌법은 준예산 제도 이다.

1. 새로운 회계연도가 개시될 때까지 예산안이 의결되지 못한 경우, 정부는 국회에서 예산안이 의결될 때까지 헌법이나 법률에 의하여 설치된 기관 또는 시설의 유지 · 운영, 법률상 지출의무의 이행의 목적을 위한 경비에 대해서만 전년도 예산에 준하여 집행할 수 있다.
[소방간부 19] (×)
2. 새로운 회계연도가 개시될 때까지 예산안이 의결되지 못한 경우, 정부는 국회에서 예산안이 의결될 때까지 법률상 지출의무의 이행을 위한 경비를 국회에서 의결되지 못한 예산안에 따라 집행할 수 있다.
[경찰승진 20] (×)

제55조

① 한 회계연도를 넘어 계속하여 지출할 필요가 있을 때에는 정부는 연한을 정하여 계속비로서 국회의 의결을 얻어야 한다.

- 계속비는 5년 한도 내에서 정한다.

1. 우리나라는 예산 1년주의를 취하면서 헌법에서 그 예외로 계속비를 규정하고 있으나, 정부가 계속비로서 국회의 의결을 얻기 위해서는 그 연한을 정하여야만 한다. [지방7급 14] (O)
2. 한 회계연도를 넘어 계속하여 지출할 필요가 있을 때에는 정부는 연한을 정하여 예비비로서 국회의 의결을 얻어야 한다. [경찰승진 21] (×)

제55조

② 예비비는 총액으로 국회의 의결을 얻어야 한다. 예비비의 지출은 차기국회의 승인을 얻어야 한다.

- 예비비는 총액의 1% 내에서 정하고, 지출을 했을 때는 차기국회의 승인을 얻어야 하는 것이지 차년도 국회의 승인을 얻어야 하는 것이 아니다. 결산심사는 대통령과 차년도 국회에 보고하여야 한다.

1. 예비비는 항목별로 국회의 의결을 얻어야 하며, 예비비의 지출은 사전에 국회의 동의를 얻어야 한다. [행정고시 18] (×)
2. 예비비는 총액으로 미리 국회의 의결을 얻어야 하며, 그 지출은 차년도 국회의 승인을 얻어야 한다. [소방간부 20] (×)

제56조

정부는 예산에 변경을 가할 필요가 있을 때에는 추가경정예산안을 편성하여 국회에 제출할 수 있다.

- 추경안의 편성 사유는 법정되어 있다.
- 법률은 있는데 예산이 없으면 1차적으로 예비비로 충당한다.(추경이 아님)

1. 정부는 예산에 변경을 가할 필요가 있을 때에는 수정예산을 편성하여 국회에 제출할 수 있다. [법무사 19] (×)

제57조

국회는 정부의 동의 없이 정부가 제출한 지출예산 각항의 금액을 증가하거나 새 비목을 설치할 수 없다.

- 예산의 삭감은 정부의 동의 없이 국회가 단독으로 가능하다.
- 예산안성립절차: 정부가 제출 – 소관상임위 회부 – 예산결산특별위원회의 심의 – 계수조정소위원회의 결의 – 본회의 의결

1. 국회는 정부의 동의를 얻어 정부가 제출한 지출예산 각항의 금액을 증가하거나 새로운 비목을 설치할 수 있다. [경찰승진 19] (O)
2. 국회는 정부가 제출한 지출예산 각 항의 금액을 삭제 또는 감액할 수 있으나, 정부의 동의없이 이를 증가하거나 새 비목을 설치할 수 없다. [법원9급 17] (O)

제58조

국채를 모집하거나 예산외에 국가의 부담이 될 계약을 체결하려 할 때에는 정부는 <u>미리 국회의 의결</u>을 얻어야 한다.

- 국회의원의 심의·표결권은 대통령 등 국회 이외의 국가기관 사이에서는 권한침해의 직접적인 법적 효과를 발생시키지 아니한다. 그렇다면 정부가 국회의 동의 없이 예산외에 국가의 부담이 될 계약을 체결하였다 하더라도 국회의 동의권이 침해될 수는 있어도 국회의원인 청구인들 자신의 심의·표결권이 침해될 가능성은 없다.

1. 정부가 국체를 모집하거나 예산 외에 국가에 부담이 될 계약을 체결한 때에는 지체 없이 국회에 보고하고 그 승인을 얻어야 한다. [지방7급 15]. (×)

제59조

조세의 종목과 세율은 법률로 정한다.

- 조세법률주의의 내용이다. 세금에 관한 기본적 사항은 법률로 정해야 하지만 하위법규(조례포함)에 위임할 수 있다. 조세감면의 근거 역시 법률로 정하여야만 하는 것이 국민주권주의나 법치주의의 원리에 부응하는 것이다.

1. 조세법률주의는 헌법에서 명문으로 규정하고 있다. [법원9급 21] (O)

제60조

① 국회는 상호원조 또는 안전보장에 관한 조약, 중요한 국제조직에 관한 조약, 우호통상항해조약, 주권의 제약에 관한 조약, 강화조약, 국가나 국민에게 중대한 재정적 부담을 지우는 조약 또는 입법사항에 관한 조약의 체결·비준에 대한 동의권을 가진다.

② 국회는 선전포고, 국군의 외국에의 파견 또는 외국군대의 대한민국 영역 안에서의 주류에 대한 동의권을 가진다.

- 조약의 체결·비준은 대통령의 권한이고, 국회는 동의권을 가진다.
- 제60조에 규정된 조약은 열거적 조항으로 보는 것이 통설이다. 무역조약과 어업조약은 동의를 요하지 않는다. 다만, 국회의 동의를 받으면 법률과 동일한 효력이 인정된다.
- 주권의 제약에 대한 헌법적 규정이 있고 조약에 의하여 주권의 제약이 가능하다.

1. 헌법 제60조 제1항에 따라 국회의 동의를 얻어 법률적 효력을 가지는 조약은 기본권을 제한할 수 있으나, 그 경우에도 헌법 제37조 제2항의 비례의 원칙을 준수해야 한다. [경찰승진 15] (○)

제61조

① 국회는 국정을 감사하거나 특정한 국정사안에 대하여 조사할 수 있으며, 이에 필요한 서류의 제출 또는 증인의 출석과 증언이나 의견의 진술을 요구할 수 있다.

- 국정감사권은 국정전반에 대하여 감사할 수 있는 권한이다. 정기회 집회일 이전에 감사시작일부터 30일 이내의 기간을 정하여 감사를 실시한다. 다만, 본회의 의결로 정기회 기간 중에 감사를 실시할 수 있다. 국정감사는 상임위원회별로 한다.
- 국정조사는 특별한 사안에 대해서 한다. 국회재적의원 1/4 이상 요구로 열리고 상임위원회 또는 특별위원회가 한다.
- 국정감사·조사권은 보조적 권한이다. 따라서 헌법규정이 없어도 국정조사가 가능하다.
- 국정감사 및 국정조사의 주체는 국회이며, 국회본회의, 상임위원회, 특별위원회가 국정감사·조사권을 가진다.

1. 국회는 특정 국정사안에 대하여 조사하기 위하여 필요한 서류의 제출, 증인 출석, 증언·의견진술요구 및 압수·수색을 할 수 있다. [경찰승진 16] (×)
2. 국정감사 및 국정조사의 주체는 국회인데, 그 의미는 국회의 상임위원회와 특별위원회를 말하며 국회본회의를 포함하지 않는다. [소방간부 19] (×)
3. 헌법은 국정조사권에 대하여 명문의 규정을 두고 있지 않지만, 국회 입법권의 보조권한으로서 당연히 인정된다. [소방간부 19] (×)

제61조
② 국정감사 및 조사에 관한 절차 기타 필요한 사항은 법률로 정한다.

- 건국헌법의 국정감사에서 일반감사는 국정감사로 특정감사는 국정조사로 발전되었다. 국정조사는 제8차 개헌에 헌법에 처음 규정되었고, 제9차 개헌에 국정감사와 국정조사가 둘 다 규정되었다.

제62조
① 국무총리·국무위원 또는 정부위원은 국회나 그 위원회에 출석하여 국정처리상황을 보고하거나 의견을 진술하고 질문에 응답할 수 있다.

- 의원내각제적 요소이다.
- 대정부질문(회기 중에만 가능)을 하고자 하는 의원은 미리 질문요지서를 의장에게 제출하며, 의장은 늦어도 질문시간 48시간 전에 요지서가 정부에 도달되도록 송부해야 한다.
- 대정부 서면질문은 의원 개인이 회기와 관계없이 언제든지 가능하다.

1. 국무총리는 국회가 출석·답변을 요구하는 경우에는 그에 따라야 하지만, 그 이외의 경우에는 국회나 그 위원회에 출석하여 국정처리상황을 보고하거나 의견을 진술할 수 없다. [국가7급 08] (×)

제62조
② 국회나 그 위원회의 요구가 있을 때에는 국무총리·국무위원 또는 정부위원은 출석·답변하여야 하며, 국무총리 또는 국무위원이 출석요구를 받은 때에는 <u>국무위원 또는 정부위원으로 하여금 출석·답변하게 할 수 있다.</u>

- 국무총리·국무위원 등은 국회에 출석 발언할 수 있는 권한도 있고, 국회의 출석·발언 요구가 있으면 이에 응해야 할 의무도 있다.
- 대리 출석시에는 국회의장 또는 위원장의 승인을 얻어야 한다.

1. 국회나 그 위원회의 요구가 있을 때, 대통령은 출석하여 답변하여야 한다. [서울7급 13] (×)
2. 헌법 제62조에 따르면 국무총리나 국무위원 외에 정부위원도 국회에 출석하여 답변할 수 있으며, 정부위원은 다른 정부위원으로 하여금 출석·답변하게 할 수 있다. [국가7급 19] (×)

제63조

① 국회는 국무총리 또는 국무위원의 해임을 대통령에게 <u>건의</u>할 수 있다.

- 해임건의는 의원내각제의 요소이다. 해임건의의 사유는 제한이 없다. 주민소환(헌법상 기본권이 아니라 법률상의 권리이다.)도 소환의 사유에는 제한이 없다.
- 의원내각제의 해임의결은 법적 구속력이 있지만 우리헌법의 해임건의는 법적 구속력이 없다. 제7차, 제8차 개헌에서는 국회의 해임의결권과 대통령의 국회해산권이 있었다. 제3차 개헌에서는 국무총리의 국회해산권과 국회의 불신임권이 있었다.

1. 국회의 정부위원에 대한 해임건의권은 헌법에서 명문으로 규정하고 있다. [법무사 15] (×)
2. 국무총리만이 국무위원의 해임을 대통령에게 건의할 수 있다. [소방간부 22] (×)

제63조

② 제1항의 해임건의는 국회재적의원 3분의 1 이상의 발의에 의하여 국회재적의원 과반수의 찬성이 있어야 한다.

- 대통령 이외의 탄핵소추와 정족수가 같다.

1. 국무위원에 대한 해임건의는 국회재적의원 과반수의 발의와 출석의원 과반수의 찬성이 있어야 한다. [국회8급 15] (×)
2. 국무총리 해임건의는 국회재적의원 과반수의 발의와 재적의원 3분의 2 이상의 찬성이 있어야 한다. [행정고시 17] (×)

제64조

① 국회는 법률에 저촉되지 아니하는 범위 안에서 의사와 내부규율에 관한 규칙을 제정할 수 있다.

- 법률의 위임이 아니라 법률에 저촉되지 아니하는 범위이다. 국회의 자율권에 대한 규정이다.

1. 국회에 대해 현행헌법이 명문으로 규칙제정권을 부여하고 있다. [국회9급 16] (○)
2. 국회는 법률의 위임범위 내에서 의사와 내부규율에 관한 규칙을 제정할 수 있다. [법원9급 18] (×)

제64조

② 국회는 의원의 자격을 심사하며, 의원을 징계할 수 있다.

- 이때의 자격은 피선거권의 유무(25세 미만) 등을 의미한다. 무자격 결정이 되면 의원직을 상실한다. 재적 3분의 2이상의 찬성이 있어야 하는데 헌법이 아니라 국회법상 정족수이다.

제64조

③ 의원을 제명하려면 국회재적의원 3분의 2 이상의 찬성이 있어야 한다.

- 제명이 이루어지지 않은 경우에 다른 종류의 징계를 하는 것이 일사부재리원칙에 위배되지 않는다. 제명이 되면 의원직을 상실한다.
- 정당에서 소속의원 제명은 의원총회의 1/2 이상의 찬성이 필요하고 의원 신분은 유지된다.
- 윤리특별위원회로부터 1회 통고 받으면 징계사유가 된다.

1. 국회의원을 제명하려면 국회재적의원 3분의 2 이상의 찬성이 있어야 한다. [소방간부 22] (O)

제64조

④ 제2항과 제3항의 처분에 대하여는 법원에 제소할 수 없다.

- 지방의회의 의원제명, 지방의회의 의장에 대한 불신임은 행정소송의 대상이 된다.

1. 국회의 의원에 대한 자격심사, 징계처분 및 제명에 대하여는 법원에 제소할 수 없다. [입법고시 22] (O)
2. 법원은 국회에 대한 견제수단으로서 국회의원의 자격심사 · 징계 · 제명에 대한 사법심사권을 가진다. [국회9급 19] (×)

제65조

① 대통령·국무총리·국무위원·행정각부의 장·헌법재판소재판관·법관·중앙선거관리위원회 위원·감사원장·감사위원 기타 법률이 정한 공무원이 그 직무집행에 있어서 헌법이나 법률을 위배한 때에는 국회는 탄핵의 소추를 의결할 수 있다.

- 검사, 검찰총장, 경찰청장, 방송통신위원장, 원자력위원장, 각급선관위원은 법률상 탄핵대상자이다.
- 탄핵사유는 직무집행에 있어서 헌법이나 법률을 위배한 때(대통령은 중대한 법위반이 있어야 한다)이다. 즉, 탄핵은 정치적 책임이 아니라 법적 책임이다. 헌법재판소는 탄핵의 사유에만 구속을 받고 법의 적용이나 소추사유의 체계에는 구속되지 않는다.

1. 국회의원과 헌법재판소 재판관은 각각 탄핵소추와 탄핵심판에 직접 관여하므로 탄핵소추의 대상자에서 제외된다. [국회8급 10] (×)
2. 헌법이 정하고 있는 탄핵소추의 사유는 해당 공무원이 직무집행에 있어서 헌법이나 법률을 위배한 경우다. [국회8급 10] (O)

제65조

② 제1항의 탄핵소추는 국회재적의원 3분의 1 이상의 발의가 있어야 하며, 그 의결은 국회재적의원 과반수의 찬성이 있어야 한다. 다만, 대통령에 대한 탄핵소추는 국회재적의원 과반수의 발의와 국회재적의원 3분의 2 이상의 찬성이 있어야 한다.

- 탄핵소추위원은 법제사법위원장이다.
- 주민소환의 사유는 법정되어 있지 않다. 법위반에 한정되는 것이 아니다. 즉 법적절차가 아니라 정치적 절차이다.

1. 대통령, 국무총리, 법관 또는 감사위원이 그 직무집행에 있어서 헌법이나 법률을 위배한 경우에 국회의 탄핵소추는 국회재적의원 3분의 1 이상의 발의가 있어야 하며, 그 의결은 국회재적의원 과반수의 찬성이 있어야 한다. [국가7급 13] (×)

제65조

③ 탄핵소추의 의결을 받은 자는 탄핵심판이 있을 때까지 그 권한행사가 정지된다.

- 따라서 탄핵의 경우에는 직무를 정지시키는 가처분이 인정되지 않는다. 탄핵심판의 심리는 구술심리로 한다.

1. 탄핵심판이 있을 때까지 탄핵소추의 의결을 받은 자의 권한행사가 정지되는지 여부에 대하여 헌법상 명문으로 규정하고 있지 않다. [행정고시 21] (×)

제65조

④ 탄핵결정은 공직으로부터 파면함에 그친다. 그러나, 이에 의하여 민사상이나 형사상의 책임이 면제되지는 아니한다.

- 탄핵 심판 중 파면되면 헌재는 기각한다.(각하 아님)
- 탄핵에 대한 사면에 대해서는 규정이 없다.

1. 탄핵결정은 공직으로부터 파면함에 그치며, 이에 의하여 민사상이나 형사상의 책임은 면제된다. [법원9급 14] (×)

제**4**장 정부

제1절 대통령

제66조
① 대통령은 국가의 원수이며, 외국에 대하여 국가를 대표한다.

- 대통령은 행정부 수반의 지위와 국가 원수로서의 지위가 인정된다.

제66조
② 대통령은 국가의 독립·영토의 보전·국가의 계속성과 <u>헌법을 수호할 책무</u>를 진다.

- 대통령의 헌법수호의무는 헌법상 의무이다.

1. 헌법을 준수하고 수호해야 할 대통령의 의무는 헌법에 명시적으로 규정되어 있지 않다. [입법고시 17] (×)

제66조
③ 대통령은 조국의 평화적 통일을 위한 성실한 의무를 진다.

제66조
④ 행정권은 대통령을 수반으로 하는 정부에 속한다.

- 행정부 수반으로서 대통령은 국회의장, 대법원장과 동격이다.

1. 대통령은 행정권이 속한 정부의 수반으로서, 정부를 조직하고 통할하는 행정에 관한 최고책임자이다. [국가7급 10] (O)

제67조
① 대통령은 국민의 보통·평등·직접·비밀선거에 의하여 선출한다.

- 대통령 간선: 건국헌법(국회), 제3차(국회), 제7차(통일주체국민회의), 제8차 개헌(대통령선거인단)

1. 대통령은 국민의 보통·평등·자유·비밀선거에 의하여 선출한다. [법무사 19] (×)

제67조
② 제1항의 선거에 있어서 최고득표자가 2인 이상인 때에는 국회의 재적의원 과반수가 출석한 공개회의에서 <u>다수표</u>를 얻은 자를 당선자로 한다.

- 과반수 득표가 아니라 다수 득표자가 당선자가 된다.

1. 대통령선거에 있어서 최고득표자가 2인 이상인 때에는 국회의 공개회의에서 재적의원 과반수의 출석과 출석의원 과반수의 찬성을 얻은 자를 당선자로 한다. [국가7급 21] (×)

제67조
③ 대통령후보자가 1인일 때에는 그 득표수가 <u>선거권자 총수의 3분의 1 이상</u>이 아니면 대통령으로 당선될 수 없다.

- 대통령 외의 선거는 후보가 1인일 때 무투표 당선이 가능하다.

1. 대통령후보자가 1인일 때에는 그 득표수가 선거권자 총수의 2분의1 이상이 아니면 대통령으로 당선될 수 없다. [법원9급 14] (×)

제67조
④ 대통령으로 선거될 수 있는 자는 국회의원의 피선거권이 있고 선거일 현재 40세에 달하여야 한다.

- 대통령 피선거권에 대한 40세의 제한은 헌법이 직접 규정하고 있다. 기본권행사 능력을 헌법이 직접 규정하고 있는 경우이다.

1. 대통령으로 선거될 수 있는 자는 국회의원의 피선거권이 있고 선거기간개시일 현재 40세에 달하여야 한다. [경찰승진 22] (×)
2. 헌법을 개정하지 않고도 대통령의 피선거권 연령을 30세로 낮출 수 있다. [소방간부 22] (×)

제67조
⑤ 대통령의 선거에 관한 사항은 법률로 정한다.

• 대통령 피선거권으로 국내 5년 이상의 거주는 헌법이 아니라 공직선거법에서 규정하고 있다. 제7차·8차 개헌 헌법은 5년 거주를 헌법이 규정하였다.

제68조
① 대통령의 임기가 만료되는 때에는 임기만료 70일 내지 40일전에 후임자를 선거한다.

• 공직선거법 제34조(선거일) ① 임기만료에 의한 선거의 선거일은 다음 각호와 같다.
1. 대통령선거는 그 임기만료일전 70일 이후 첫번째 수요일
2. 국회의원선거는 그 임기만료일전 50일 이후 첫번째 수요일
3. 지방의회의원 및 지방자치단체의 장의 선거는 그 임기만료일전 30일 이후 첫번째 수요일
② 제1항의 규정에 의한 선거일이 국민생활과 밀접한 관련이 있는 민속절 또는 공휴일인 때와 선거일전일이나 그 다음날이 공휴일인 때에는 그 다음주의 수요일로 한다.

1. 대통령의 임기가 만료되는 때에는 임기만료 70일 내지 30일 전에 후임자를 선거한다. [국회8급 21] (×)

제68조
② 대통령이 궐위된 때 또는 대통령 당선자가 사망하거나 판결 기타의 사유로 그 자격을 상실한 때에는 60일 이내에 후임자를 선거한다.

• 임기만료에 의한 모든 선거는 선거일법정주의를 취하고 있다. 국회의원 등의 보궐선거도 선거일 법정주의이다. 대통령보궐선거와 재선거는 선거일공고주의이다.

1. 대통령이 궐위된 때 또는 대통령 당선자가 사망하거나 판결 기타의 사유로 그 자격을 상실한 때에는 90일 이내에 후임자를 선거한다. [소방간부 21] (×)

제69조

대통령은 취임에 즈음하여 다음의 선서를 한다.
나는 헌법을 준수하고 국가를 보위하며 조국의 평화적 통일과 국민의 자유와 복리의 증진 및 민족문화의 창달에 노력하여 대통령으로서의 직책을 성실히 수행할 것을 국민 앞에 엄숙히 선서합니다.

• 대통령 취임선서는 단순한 취임선서의무가 아니라 실체적 내용을 가진 규정이다. 단, 헌법을 수호해야 할 의무와 달리 성실한 직책수행의무는 규범적으로 관철할 수 없으므로 사법심사의 대상이 아니다.(둘 다 헌법적 의무이다)

1. 헌법 제69조는 단순히 대통령의 취임선서의무만을 규정한 것이 아니라, 헌법 제66조 제2항 및 제3항에 규정된 대통령의 헌법적 책무를 구체화하고 강조하는 실체적 내용을 지닌 규정이다. [변호사 19] (×)

제70조

대통령의 임기는 5년으로 하며, 중임할 수 없다.

• 임기 5년은 제9차 개헌에서 규정하였다. 제8차 개헌은 임기 7년에 중임금지로 규정하였다. 중임금지는 제8차 개헌에서 처음 규정하였다.

제71조

대통령이 궐위되거나 사고로 인하여 직무를 수행할 수 없을 때에는 국무총리, 법률이 정한 국무위원의 순서로 그 권한을 대행한다.

• 대통령 권한대행 제1순위자(국무총리)는 헌법이 직접 규정하고 있으므로 변경할 수 없지만 2순위 이하의 자는 정부조직법의 개정으로 변경 가능하다. 미국은 부통령이 승계하기 때문에 권한대행체제가 일어날 수 없다.(×) – 대통령 사고의 경우에는 부통령이 권한대행 하는 경우가 있다.

1. 대통령의 궐위나 사고 시 국회의장, 국무총리, 「정부조직법」에 정한 국무위원의 순서에 따라 권한을 대행한다. [국가7급 07] (×)

	사고	궐위
개념	사고란 ① 대통령이 재직하면서도 신병이나 해외순방 등으로 직무를 수행할 수 없는 경우와 ② **국회가 탄핵소추를 의결함으로써 탄핵결정이 있을 때까지 권한행사가 정지된 경우**를 말한다.	궐위란 ① 대통령이 사망한 경우, ② **탄핵결정으로 파면된 경우**, ③ 대통령이 판결 기타 사유로 자격을 상실한 경우, ④ 사임한 경우 등 대통령이 재직하고 있지 아니한 경우를 말한다.
대행기간	사고시 기간에 관한 명문규정은 없으므로 60일을 초과할 수도 있다. 이 경우 국무회의 심의를 거쳐 그 권한대행기간을 결정할 수밖에 없다고 한다.	현직대통령이 궐위되면 60일 이내에 후임자를 선출하여야 한다(헌법 제68조 제2항). 따라서 권한대행기간은 60일 이내이다.
판단기관	대통령의 사고나 궐위를 결정할 기관에 관한 규정이 없다. 프랑스는 헌법평의회가 판단한다.	

● 각종 국가기관의 권한대행자

대통령	국무총리 ⇨ 기획재정부장관(부총리) ⇨ 교육부장관(부총리) ⇨ 과학기술정보통신부장관 ⇨ 외교부장관 ⇨ 통일부장관 ⇨ 법무부장관
국무총리	기획재정부장관(부총리) ⇨ 교육부장관(부총리) ⇨ **대통령의 지명을 받은 국무위원**, 지명을 받은 국무위원이 없는 경우에는 ⇨ 과학기술정보통신부장관 ⇨ 외교부장관 ⇨ 통일부장관 ⇨ 법무부장관
감사원장	감사위원으로 최장기간 재직한 감사위원
선관위원장	상임위원 또는 부위원장
대법원장	선임대법관
헌법재판소장	헌법재판소규칙이 정하는 재판관(헌법재판소법 §12④)

제72조

대통령은 필요하다고 인정할 때에는 외교·국방·통일 기타 국가안위에 관한 중요정책을 국민투표에 붙일 수 있다.

- 국민투표는 헌법에 명문의 규정이 있는 경우에만 가능하고 주권의 이름으로 할 수 없다. 제72조의 국민투표에는 정족수의 규정이 없다.
- 국민투표의 최초도입은 제2차 개헌(주권의 제약 또는 영토변경의 경우)이다. 이때의 국민투표는 국회의결 후 국민투표였다. 헌법개정에 국민투표 도입은 제5차 개헌이다. 제3공화국 헌법은 국민투표로 확정되었으나, 제2공화국 헌법의 규정에 따른 것이 아니었다.
- 제72조의 국민투표에는 정족수의 규정이 없고, 투표결과에 대한 구속력에 대해서도 규정이 없다.

1. 헌법 제72조는 대통령에게 국민투표의 실시여부, 시기, 구체적 부의사항, 설문내용 등을 결정할 수 있는 임의적인 국민투표발의권을 독점적으로 부여하고 있다.
   [국회9급 17] (O)

제73조

대통령은 조약을 체결·비준하고, 외교사절을 신임·접수 또는 파견하며, 선전포고와 강화를 한다.

- 대통령의 조약 체결·비준 등은 대통령의 국가원수로서의 지위에서 인정되는 것이다.
- 조약, 선전포고, 강화는 국무회의의 심의와 국회의 동의를 요한다.
- 외교사절의 신임·접수는 국무회의의 심의대상이 아니고, 국회의 동의대상도 아니다.

1. 조약의 체결권한은 대통령에게 있고, 비준권은 국회에 속한다. [법무사 17] (×)

제74조

① 대통령은 헌법과 법률이 정하는 바에 의하여 국군을 통수한다.
② 국군의 조직과 편성은 법률로 정한다.

- 대통령은 국군 통수권자로서 국군의 최고 사령관이다.
- 우리나라는 군정·군령 일원주의를 취하고 있다.

1. 헌법은 국군의 조직과 편성을 대통령령으로 정하도록 규정하고 있다. [입법고시 20] (×)

제75조

대통령은 법률에서 <u>구체적으로 범위</u>를 정하여 위임받은 사항과 법률을 집행하기 위하여 필요한 사항에 관하여 대통령령을 발할 수 있다.

- 대통령의 입법에 관한 권한이다.
- 헌법이 예정하고 있는 위임명령은 대통령령, 총리령, 부령 등이다. 그러나 이는 예시에 불과하므로 법률에서 행정규칙으로 위임하는 것도 가능하다. 그 이유는 고전적 권력분립이 아니라 기능적 권력분립이다.
- 조례와 정관에 대해서는 포괄위임이 가능하다.

1. 대통령령은 법률의 위임이 없어도 법률에 위반되지 않는 범위 내에서 국민의 권리·의무에 관한 사항을 규율할 수 있다. [법무사 21] (×)

제76조

① 대통령은 <u>내우·외환·천재·지변</u> 또는 중대한 재정·경제상의 위기에 있어서 국가의 <u>안전보장 또는 공공의 안녕질서</u>를 유지하기 위하여 긴급한 조치가 필요하고 국회의 집회를 <u>기다릴 여유가 없을</u> 때에 한하여 최소한으로 필요한 재정·경제상의 <u>처분</u>을 하거나 이에 관하여 법률의 효력을 가지는 <u>명령</u>을 발할 수 있다.

- 긴급재정경제처분·명령의 요건이다.

1. 긴급재정경제명령은 중대한 재정·경제상의 위기가 현실적으로 발생한 경우에 한하여 발할 수 있으므로, 이러한 위기가 발생할 우려가 있다는 이유로 사전적·예방적으로 발할 수는 없다. [입법고시 21] (O)
2. 헌법상 긴급재정·경제명령은 대통령령의 효력을 갖는다. [국회9급 14] (×)

제76조

② 대통령은 국가의 안위에 관계되는 중대한 <u>교전상태</u>에 있어서 국가를 보위하기 위하여 긴급한 조치가 필요하고 국회의 집회가 <u>불가능</u>한 때에 한하여 법률의 효력을 가지는 명령을 발할 수 있다.

- 긴급명령의 요건이다.

1. 대통령은 국가의 안위에 관계되는 중대한 교전상태에 있어서 국가를 보위하기 위하여 긴급한 조치가 필요하고 국회의 집회를 기다릴 여유가 없을 때에 한하여 법률의 효력을 가지는 명령을 발할 수 있다.
   [국회9급 21] (×)

제76조

③ 대통령은 제1항과 제2항의 처분 또는 명령을 한 때에는 지체없이 국회에 보고하여 그 승인을 얻어야 한다.

제76조

④ 제3항의 승인을 얻지 못한 때에는 그 처분 또는 명령은 그때부터 효력을 상실한다. 이 경우 그 명령에 의하여 개정 또는 폐지되었던 법률은 그 명령이 승인을 얻지 못한 때부터 당연히 효력을 회복한다.

제76조

⑤ 대통령은 제3항과 제4항의 사유를 지체없이 공포하여야 한다.

• 동의가 아니라 사후승인이다.

1. 대통령의 긴급재정경제처분은 처분으로서의 효력을 갖는 데 지나지 않으므로 국회의 승인을 요하지는 않으나 각급 법원에 의한 심사대상이 된다.
[지방7급 15] (×)

1. 긴급재정·경제처분권과 긴급재정·경제명령권은 즉시 국회에 보고하여 그 승인을 얻어야 하는데, 이러한 승인을 얻지 못하면 그 처분 또는 명령을 발한 때까지 소급하여 효력을 상실한다. [국회8급 20] (×)

	긴급재정경제처분권 · 명령권	긴급명령권	계엄선포권
상황	내우 · 외환 천재 · 지변 기타 중대한 재정 · 경제상의 위기	국가안위에 관계되는 중대한 교전상태	전시 · 사변(병력으로서 군사상의 필요에 응하거나 공공의 안녕질서를 유지할 필요가 있을 때)
국회	국회의 집회를 기다릴 여유가 없을 때	국회의 집회가 불가능할 때	국회집회여부와 관계없음.
효력	긴급 재정 · 경제처분은 명령의 효력, 긴급재정 · 경제명령은 법률의 효력	법률의 효력 → 기본권 제한 가능, 기존의 법률을 개정 폐지 가능	비상계엄시 영장제도, 언론 · 출판, 집회 · 결사의 자유, 정부나 법원의 권한에 대한 특별조치 가능
통제	국회에 지체없이 보고하고 승인을 얻어야 하며 승인을 얻지 못하면 그때부터 효력 상실. 이 경우 그 명령에 의하여 개정 또는 폐지되었던 법률은 그 명령이 승인을 얻지 못한 때부터 당연히 효력을 회복한다.		지체없이 국회에 통고. 국회는 재적 과반수로 해제를 요구할 수 있고 대통령은 해제하여야 함. 국회의 승인은 필요 없다.
국무회의	발동과 해제시 모두 국무회의 심의를 거쳐야 한다.		
목적	국가긴급권은 국가안전보장이나 질서유지와 같은 소극적 목적을 위해서는 가능하지만 공공복리와 같은 적극적 목적을 위하여 행사할 수 없다.		
계엄법	계엄법에는 비상계엄시 거주이전의 자유와 단체행동에 대해서도 특별한 조치를 할 수 있음을 규정하고 있다. 기본권에 대한 특별한 조치는 비상계엄 하에서만 가능하고 경비계엄 하에서는 할 수 없다.		

제77조

① 대통령은 전시 · 사변 또는 이에 준하는 국가비상사태에 있어서 병력으로써 군사상의 필요에 응하거나 공공의 안녕질서를 유지할 필요가 있을 때에는 법률이 정하는 바에 의하여 계엄을 선포할 수 있다.

• 공공의 안녕질서 유지가 계엄의 목적이다. 공공복리가 목적이 아니다.

1. 대통령은 국회의 집회가 불가능하고, 국가의 안위에 관계되는 중대한 교전상태가 발생했을 때 계엄을 선포할 수 있다. [국가7급 16] (×)

제77조
② 계엄은 비상계엄과 경비계엄으로 한다.

• 계엄의 종류는 법률로 정하는 것이 아니라, 헌법이 직접 규정하고 있다.

제77조
③ 비상계엄이 선포된 때에는 법률이 정하는 바에 의하여 영장제도, 언론·출판·집회·결사의 자유, 정부나 법원의 권한에 관하여 특별한 조치를 할 수 있다.

• 경비계엄으로는 기본권에 대한 특별한 조치를 할 수 없다.

1. 경비계엄이 선포된 때에는 법률이 정하는 바에 의하여 영장제도, 언론·출판·집회·결사의 자유, 정부나 법원의 권한에 관하여 특별한 조치를 할 수 있다.
[경찰승진 19] (×)
2. 비상계엄이 선포된 경우 영장제도와 언론·출판·집회·결사의 자유에 대한 특별한 조치를 통하여 기본권을 제한할 수 있는 명시적인 헌법상 근거가 존재한다.
[경찰승진 17] (O)

제77조
④ 계엄을 선포한 때에는 대통령은 지체없이 국회에 통고하여야 한다.

• 계엄은 국회의 승인이 필요없다

1. 계엄을 선포할 때에는 대통령은 지체없이 국회에 보고하고 승인을 얻어야 한다. [행정고시 22] (×)

제77조
⑤ 국회가 재적의원 과반수의 찬성으로 계엄의 해제를 요구한 때에는 대통령은 이를 해제하여야 한다. 있다.

• 계엄해제도 국무회의의 심의를 거쳐야 한다.

1. 국회가 재적의원 과반수의 출석과 출석의원 과반수의 찬성으로 계엄의 해제를 요구한 때에는 대통령은 이를 해제하여야 한다. [지방7급 18] (×)

제78조
대통령은 헌법과 법률이 정하는 바에 의하여 공무원을 임면한다.

• 5급 이상의 공무원은 대통령이 임명하고 6급 이하의 공무원 임면은 행정각부의 장관에 위임되어 있다.

제79조
① 대통령은 법률이 정하는 바에 의하여 사면 · 감형 또는 복권을 명할 수 있다.

• 대통령의 사법에 관한 권한이다. 일반사면 · 특별사면, 일반감형 · 특별감형, 일반복권 · 특별복권이 있다. 모두 국무회의의 심의대상이다.

제79조
② 일반사면을 명하려면 국회의 동의를 얻어야 한다.

• 국회의 동의를 받아야 하는 것은 일반사면뿐이다.

1. 대통령이 특별사면을 명하려면 국회의 동의를 얻어야 한다. [법원9급 20] (×)

제79조
③ 사면 · 감형 및 복권에 관한 사항은 법률로 정한다.

• 사면법

	일반사면	특별사면
개념	일반사면이란 범죄의 종류를 지정하여, 이에 해당하는 모든 범죄인에 대하여 형의 선고의 효과를 전부 또는 일부 소멸시키거나, 형의 선고를 받지 아니한 자에 대하여 공소권을 소멸시키는 것을 말한다.	특별사면이란 이미 형의 선고를 받은 특정인에 대하여 형의 집행을 면제하는 것을 말한다.
대상	죄를 범한 자	형의 선고를 받은 자. 형을 선고 받기 전에는 특별사면을 할 수 없다.
효과	형의 선고를 받기 전: 공소권소멸 형의 선고를 받은 자: 형 선고의 효력상실	일반적 경우: 형집행 면제 특별한 경우: 형 선고의 효력상실
범위	죄의 종류를 정하여 행한다.	사면대상자를 정하여 행한다.
방식	대통령령으로 한다.	대통령이 명한다(대통령의 명으로 한다.)

형의 선고에 따른 기성(旣成)의 효과는 사면, 감형 및 복권으로 인하여 변경되지 아니한다.

특별사면은 법무부장관이 대통령에게 상신하여 한다. 검찰총장은 법무부장관에게 상신하여 줄 것을 신청할 수 있다(직접 대통령에게 못함).

제80조
대통령은 법률이 정하는 바에 의하여 훈장 기타의 영전을 수여한다.

• 영전수여는 국무회의 심의 대상이다.

제81조
대통령은 국회에 출석하여 발언하거나 서한으로 의견을 표시할 수 있다.

• 대통령은 국회 출석·발언권이 있으나 국회가 출석을 요구하지는 못한다.

1. 대통령은 국회에 출석하여 발언할 수 있으며, 만일 국회가 출석요구를 하는 경우 대통령은 그에 응할 법적 의무도 있다. [서울7급 17] (×)

제82조

대통령의 국법상 행위는 문서로써 하며, 이 문서에는 국무총리와 관계 국무위원이 부서한다. 군사에 관한 것도 또한 같다.

- 부서는 내각책임제의 요소이다. 국무총리는 대통령의 모든 국법상 행위에 부서하고 국무위원은 관련성 있는 업무에 대해서 부서한다.

1. 대통령은 군사에 관한 것도 포함하여 대통령의 모든 국법상 행위에 대해 부서할 수 있는 권한을 갖는다. [서울7급 18] (O)

제83조

대통령은 국무총리·국무위원·행정각부의 장 기타 법률이 정하는 공사의 직을 겸할 수 없다.

- 대통령의 겸직 금지에 대해 헌법이 직접 겸직을 금지하는 것은 국무총리, 국무위원, 행정각부의 장에 대해서이다.

제84조

대통령은 내란 또는 외환의 죄를 범한 경우를 제외하고는 재직 중 형사상의 소추를 받지 아니한다.

- only 대통령만
- 내란·외환의 죄라면 재직 중에도 소추가 가능하다.
- 퇴직 후에는 일반범죄도 소추가능하다.

1. 대통령은 재직 중에는 민사상·행정상의 책임을 지지 않는 특권이 있다. [소방간부 19] (×)

제85조

전직대통령의 신분과 예우에 관하여는 법률로 정한다.

- 전직대통령 예우에 관한 법률 제7조(권리의 정지 및 제외 등) ② 전직대통령이 다음 각 호의 어느 하나에 해당하는 경우에는 제6조 제4항 제1호(필요한 기간의 경호 및 경비(警備))에 따른 예우를 제외하고는 이 법에 따른 전직대통령으로서의 예우를 하지 아니한다.
  1. 재직 중 탄핵결정을 받아 퇴임한 경우
  2. 금고 이상의 형이 확정된 경우
  3. 형사처분을 회피할 목적으로 외국정부에 도피처 또는 보호를 요청한 경우
  4. 대한민국의 국적을 상실한 경우

1. 전직대통령이 재직 중 탄핵결정을 받아 퇴임한 경우와 금고 이상의 형이 확정된 경우 및 사퇴한 경우에는 필요한 기간의 경호 및 경비를 제외하고는 「전직대통령 예우에 관한 법률」에 따른 전직대통령으로서의 예우를 하지 아니한다. [국가7급 17] (×)

제2절 행정부

제1관 국무총리와 국무위원

제86조
① 국무총리는 국회의 동의를 얻어 대통령이 임명한다.

- 국무총리와 부통령이 둘 다 있었던 헌법: 건국헌법과 52년 헌법.
- 54년 헌법(제2차 개정)은 국무총리와 국무원을 폐지했다. 즉 국무총리가 없었던 유일한 시기는 제2차 개정헌법이었다.
- 국회의 동의를 받기 전에 인사청문특별위원회의 청문을 거쳐야 한다. 인사청문회의 결정은 대통령을 구속하지 못한다. 다만, 국회의 동의를 받지 못하면 대통령은 임명할 수 없다.

1. 대통령이 국회의 동의를 얻어 국무총리를 임명할 때, 국회 재적의원 과반수의 출석과 출석의원 과반수의 찬성을 얻어야 한다. [행정고시 18] (O)

인사청문특위대상	국회의 동의를 요하는 기관	국무총리, 대통령 당선인이 지명하는 국무총리 후보자, 대법원장, 대법관, 헌재소장, 감사원장
	국회가 선출하는 기관	국회에서 선출하는 헌재재판관 3인, 국회에서 선출하는 중앙선관위 3인
상임위원회 대상		대통령이 임명하는 헌재재판관 3인, 대통령이 임명하는 중앙선관위원 3인, 국무위원, 국무위원후보자(대통령당선자가 지명하는 경우), 국정원장, 공정거래위원회 위원장 · 금융위원회 위원장 · 국가인권위원회 위원장 · 한국은행 총재의 후보자, 국세청장, 검찰총장, 경찰청장, 대법원장이 지명하는 헌재재판관 3인, 중앙선관위원 3인, 방송통신위원회위원장, 합동참모의장 후보자, 공직수사처장 등
인사청문 불요		감사위원, 국가인권위원회 위원, 중앙선관위 위원장

제86조

② 국무총리는 대통령을 보좌하며, 행정에 관하여 대통령의 명을 받아 행정각부를 통할한다.

- 국무총리는 대통령과의 관계에서는 독자적 권한을 가지지 못하고 보좌적 권한만 인정된다. 다만 국무총리가 중앙행정기관으로서의 지위에서는 독자적 권한을 가진다.
- 국무총리의 통할을 받지 않는 중앙행정기관이 있을 수 있다. 즉 안기부(국정원)는 국무총리의 통할을 받지 않고 대통령의 직접적인 지휘를 받는다.

1. 국무총리는 국회의 동의를 얻어 대통령이 임명하며, 행정에 관하여 대통령의 명을 받아 행정각부를 통할한다. [행정고시 21] (O)

제86조

③ 군인은 현역을 면한 후가 아니면 국무총리로 임명될 수 없다.

- 문민우위의 원칙을 선언한 규정이다. 대통령에 대해서는 위와 같은 규정이 존재하지 않는다.

1. 헌법은 군인은 현역을 면한 후가 아니면 국무총리 또는 국무위원으로 임명될 수 없다고 명문으로 규정하고 있다. [법무사 16] (O)

제87조

① 국무위원은 국무총리의 제청으로 대통령이 임명한다.

- 국무위원의 임명에는 국회의 동의를 요하지 않는다. 다만 상임위원회의 인사청문은 거쳐야 하지만, 대통령을 구속하지는 못한다. 국무위원 중에서 국무총리의 제청으로 대통령이 행정각부의 장을 임명한다. 국무총리는 인사청문특위에서 인사청문을 하지만, 국무위원은 상임위원회에서 인사청문을 한다.

1. 국무위원은 국무총리의 동의를 얻어 대통령이 임명한다. [소방간부 22] (×)

제87조

② 국무위원은 국정에 관하여 대통령을 보좌하며, 국무회의의 구성원으로서 국정을 심의한다.

- 국무위원은 대통령을 주로 정책적으로 보좌하며, 특별한 경우를 제외하고 행정각부의 장으로서 특정한 행정업무를 담당하는 2중적 지위에 있다. 대통령 권한대행권, 부서권은 국무위원의 지위에서 인정된다.

1. 국무위원은 국정에 관하여 국무총리를 보좌하며, 국무회의의 구성원으로서 국정을 심의한다. [법원9급 13] (×)

제87조

③ 국무총리는 국무위원의 해임을 대통령에게 건의할 수 있다.

- 해임건의는 대통령을 구속하지 못한다. 국무위원의 해임건의는 국회가 행사하는 것도 가능하다.

1. 국무총리는 대통령에 대해 국무위원의 임명에 대한 제청권과 국무위원 해임에 대한 건의권 모두 행사할 수 있다. [법원9급 13] (×)
2. 국무총리가 대통령에게 국무위원의 해임을 건의하는 경우 국회의 동의를 얻어야 한다. [행정고시 22] (×)

제87조

④ 군인은 현역을 면한 후가 아니면 국무위원으로 임명될 수 없다.

- 국무위원에 대해서도 문민우위의 원칙이 적용된다. 따라서 국방부 장관도 전역한 후에 임명된다.

제2관 국무회의

제88조

① 국무회의는 정부의 권한에 속하는 중요한 정책을 심의한다.

- 국무회의는 헌법상 필수적으로 설치해야 하는 최고의 심의기관이다.
- 제1공화국, 제2공화국에서 국무회의는 의결기관이었고, 제3공화국 이후 지금까지 심의기관이다.
- 국무회의는 국무위원 과반수의 출석과 출석 3분의 2 이상의 찬성으로 의결한다. 대법관회의는 대법관 3분의 2 이상의 출석으로 개의하고 출석 대법관 과반수의 찬성으로 의결한다.

제88조
② 국무회의는 대통령·국무총리와 15인 이상 30인 이하의 국무위원으로 구성한다.

- 대통령과 국무총리는 국무위원이 아니므로, 국무회의의 구성은 17인 이상 32인 이하로 가능하다. 국무회의 소집은 대통령이 한다.

1. 국무회의는 대통령·국무총리와 15인 이상 25인 이하의 국무위원으로 구성한다. [서울7급 19] (×)

제88조
③ 대통령은 국무회의의 의장이 되고, 국무총리는 부의장이 된다.

- 국무총리와 국무위원은 의장에게 국무회의의 소집을 요구할 수 있다.

1. 국무총리는 대통령을 보좌하는 최상위의 지위에서 국무회의의 의장으로서 이를 주재한다. [행정고시 17] (×)

제89조
다음 사항은 국무회의의 심의를 거쳐야 한다.
1. 국정의 기본계획과 정부의 일반정책
2. 선전·강화 기타 중요한 대외정책
3. 헌법개정안·국민투표안·조약안·법률안 및 대통령령안
4. 예산안·결산·국유재산처분의 기본계획·국가의 부담이 될 계약 기타 재정에 관한 중요사항
5. 대통령의 긴급명령·긴급재정경제처분 및 명령 또는 계엄과 그 해제
6. 군사에 관한 중요사항
7. 국회의 임시회 집회의 요구
8. 영전수여
9. 사면·감형과 복권
10. 행정각부간의 권한의 획정

- 법규명령 중 국무회의의 심의대상은 대통령령만이다. 즉 총리령과 부령은 법제처의 심의 대상이지만 국무회의의 필수 심의 대상은 아니다. 다만 17호에 의해서 제출되면 심사를 할 수는 있다.
- 국무회의의 의결은 헌법소원의 대상이 되는 공권력의 행사가 아니다.
- 사면은 모두 국무회의의 심의 대상이다. 국회의 동의를 요하는 것은 일반사면뿐이다.
- 국무회의의 심의와 국회의 동의를 모두 받아야 하는 것: 선전·강화, 예산안, 일반사면 등

1. 대통령의 사면·감형과 복권은 국무회의의 필수적 심의사항이다. [소방간부 19] (○)
2. 검찰총장의 임명은 헌법이 직접 정하고 있는 국무회의 심의대상이 아니다. [법원9급 15] (×)
3. 대통령의 대법관 임명은 국무회의의 심의사항으로 헌법상 명시되어 있다. [국회8급 17] (×)
4. 정부에 제출 또는 회부된 정부의 정책에 관계되는 청원의 심사는 국무회의의 심의사항에 속한다. [국가7급 13] (○)

11. 정부안의 권한의 위임 또는 배정에 관한 기본계획
12. 국정처리상황의 평가 · 분석
13. 행정각부의 중요한 정책의 수립과 조정
14. 정당해산의 제소
15. 정부에 제출 또는 회부된 정부의 정책에 관계되는 <u>청원의 심사</u>
16. 검찰총장 · 합동참모의장 · 각군참모총장 · 국립대학교총장 · 대사 기타 법률이 정한 공무원과 국영기업체관리자의 임명
17. 기타 대통령 · 국무총리 또는 국무위원이 제출한 사항

제90조

① 국정의 중요한 사항에 관한 대통령의 자문에 응하기 위하여 국가원로로 구성되는 국가원로자문회의를 <u>둘 수 있다</u>.
② 국가원로자문회의의 의장은 직전대통령이 된다. 다만, 직전대통령이 없을 때에는 대통령이 지명한다.
③ 국가원로자문회의의 조직 · 직무범위 기타 필요한 사항은 법률로 정한다.

- 자문기관 중 국가안전보장회의만 필수기관이고 나머지는 임의기관이다.
- 과학기술자문회의는 헌법기관이 아니라 법률기관(헌법 제127조 제3항)이다.
- 전직대통령이 아니라 직전대통령이 의장이 된다.

1. 국가원로자문회의는 헌법에서 정한 대통령의 필수적 자문기구이다. [행정고시 17] (×)
2. 국가원로자문회의의 의장은 전직대통령이 된다. 다만 전직대통령이 없는 때에는 대통령이 지명한다. [소방간부 20] (×)

제91조

① 국가안전보장에 관련되는 대외정책 · 군사정책과 국내정책의 수립에 관하여 국무회의의 심의에 앞서 대통령의 자문에 응하기 위하여 국가안전보장회의를 둔다.

② 국가안전보장회의는 대통령이 주재한다.

③ 국가안전보장회의의 조직 · 직무범위 기타 필요한 사항은 법률로 정한다.

• 헌법상 필수기구이다. 국가안보에 관한 내용도 국가안전보장회의를 거친후에 국무회의를 거친다. 즉 국무회의가 최종적인 심의기구이다.

1. 국가안전보장회의는 헌법에서 정한 대통령의 필수적 자문기구이다. [행정고시 17] (O)
2. 국가안전보장회의는 국무총리가 주재한다.
   [서울7급 19] (×)

제92조

① 평화통일정책의 수립에 관한 대통령의 자문에 응하기 위하여 민주평화통일자문회의를 둘 수 있다.

② 민주평화통일자문회의의 조직 · 직무범위 기타 필요한 사항은 법률로 정한다.

• 임의적 기구이다.

1. 민주평화통일자문회의는 헌법에서 정한 대통령의 필수적 자문기구이다. [행정고시 17] (×)

제93조

① 국민경제의 발전을 위한 중요정책의 수립에 관하여 대통령의 자문에 응하기 위하여 국민경제자문회의를 둘 수 있다.

② 국민경제자문회의의 조직 · 직무범위 기타 필요한 사항은 법률로 정한다.

• 임의적 기구이다.

1. 국민경제자문회의는 헌법에서 정한 대통령의 필수적 자문기구이다. [행정고시 17] (×)

제3관 행정각부

제94조

행정각부의 장은 국무위원 중에서 국무총리의 제청으로 대통령이 임명한다.

• 정부조직법에 따라 국무위원 중에는 행정각부의 장이 아닌 자도 있을 수 있지만, 현재는 국무위원은 모두 행정각부의 장이다. 즉 행정각부의 장은 모두 국무위원이지만, 국무위원은 모두 행정각부의 장이 아닌 경우도 있을 수 있다.

1. 행정각부의 장은 국무위원 중에서 임명해야 하므로, 행정각부의 장에 대한 임명에는 국무위원의 경우와 달리 국무총리의 제청이 별도로 요구되지 않는다. [지방7급 18] (×)

	국무위원	행정각부의 장
개념	국무회의 구성원	집행기관인 중앙행정기관
사무의 한계	사무의 한계가 없음.	소관사무가 한정됨.
지위	대통령의 보좌기관	집행권의 담당자인 행정기관
권한	국무회의 심의·표결권, 대통령의 권한대행권, 부서권 등	소관사무의 집행권, 부령제정권 등

제95조

국무총리 또는 행정각부의 장은 소관사무에 관하여 법률이나 대통령령의 위임 또는 직권으로 총리령 또는 부령을 발할 수 있다.

• 총리령과 부령의 근거 조항으로서 대통령령과 마찬가지로 포괄위임금지 원칙이 적용된다. 다만 조문에서 "구체적 범위를 정하여"라는 표현을 명시적으로 쓰고 있지는 않다.

1. 국무총리 또는 국무위원은 소관사무에 관하여 총리령 또는 부령을 발할 수 있다. [지방7급 08] (×)

제96조

행정각부의 설치·조직과 직무범위는 법률로 정한다.

• 정부조직법의 근거가 되는 조문이다. 행정각부의 설치·조직과 직무범위는 법률로 정하되 법률에서 구체적 범위을 정하여 하위법규에 위임할 수 있다.

제4관 감사원

제97조
국가의 세입·세출의 결산, 국가 및 법률이 정한 단체의 회계검사와 행정기관 및 공무원의 직무에 관한 감찰을 하기 위하여 <u>대통령 소속하</u>에 감사원을 둔다.

- 건국헌법은 회계검사를 심계원이 하고, 공무원에 대한 직무감찰은 감찰위원회가 하였으나 제5차 개헌부터 감사원으로 통합되었다.
- 감사원이 대통령 소속이라는 것은 헌법규정이므로 감사원을 국회소속으로 하는 것은 헌법개정이 필요하다.
- 필수적 감사기관: 국가 또는 지자체가 자본금의 1/2 이상 출자한 법인의 회계
- 임의적 감사기관: 국가 또는 지자체가 자본금의 일부를 출자한 법인의 회계
- 감사원이 필요하다고 인정하거나 국무총리의 요구가 있는 때(대통령의 요구 아님)는 감사가 가능하다.
- 감사원의 변상판정처분에 대해서는 소송을 제기할 수 없고 재심판정에 대해서만 소송이 가능하다.
- 공무원 감찰은 비위감찰 뿐만 아니라 행정감찰도 가능하다.
- 감찰은 국회·법원·헌법재판소의 직원에 대해서는 할 수 없다.

1. 현행 헌법은 국가의 세입·세출의 결산, 국가 및 법률이 정한 단체의 회계검사와 행정기관 및 공무원의 직무에 관한 감찰을 하기 위하여 대통령으로부터 독립한 감사원을 두고 있다. [지방7급 10] (×)

제98조
① 감사원은 원장을 <u>포함</u>한 5인 이상 11인 이하의 감사위원으로 구성한다.

- 현 감사원법상 원장포함 7인으로 구성된다.

1. 감사원은 원장을 포함한 7인 이상 11인 이하의 감사위원으로 구성한다. [서울7급 16] (×)

제98조

② 원장은 국회의 동의를 얻어 대통령이 임명하고, 그 임기는 4년으로 하며, 1차에 한하여 중임할 수 있다.

③ 감사위원은 원장의 제청으로 대통령이 임명하고, 그 임기는 4년으로 하며, 1차에 한하여 중임할 수 있다.

• 감사위원 중에서 감사원장을 임명하는 것은 아니다. 감사원장은 감사위원의 지위를 가진다.
• 감사위원 임명에는 국회동의를 요하지 않는다. 그러나 감사위원도 탄핵대상이다. 감사원장의 임명에는 국회인 사청문특별위원회의 청문을 거쳐야 하지만 감사위원은 인사청문의 대상이 아니다.

1. 대통령이 감사원장을 임명하는 경우 국회의 동의가 필요 없다. [법무사 20] (×)
2. 감사원장은 헌법에 임기가 6년으로 명시되어 있다. [국회8급 12] (×)
3. 감사원장은 국회의 동의를 얻어 대통령이 임명하며 중임할 수 없다. [소방간부 20] (×)
4. 감사위원은 국무총리의 제청으로 대통령이 임명한다. [소방간부 19] (×)

제99조

감사원은 세입·세출의 결산을 매년 검사하여 대통령과 차년도 국회에 그 결과를 보고하여야 한다.

• 감사원은 예산에 대해서는 권한을 가지지 못하지만 결산 심사에 대해서는 권한을 가진다.

1. 감사원은 세입·세출의 결산을 매년 검사하여 대통령과 차기국회에 그 결과를 보고하여야 한다. [입법고시 19] (×)

제100조

감사원의 조직·직무범위·감사위원의 자격·감사대상 공무원의 범위 기타 필요한 사항은 법률로 정한다.

• 감사원 규칙에 대한 헌법적 근거는 없다. 다만 법규명령으로 보는 것이 일반적이다. 행정기본법에는 감사원 규칙이 법령의 한종류로 규정되어 있다.
• 감사위원에 대한 신분보장규정이 헌법에는 없다. 감사원법에 규정되어 있다.
• 감사원은 감사결과 시정명령을 할 수는 없고 시정조치의 권고를 할 수 있다. 범죄의 혐의가 있는 경우에도 고발권만 가진다. 직무감찰에 대해서도 직접 징계하지는 못하고 징계를 요구할 수 있다.

제 **5** 장　법원

제101조

① 사법권은 법관으로 구성된 법원에 속한다.

② 법원은 최고법원인 대법원과 각급법원으로 조직된다.

③ 법관의 자격은 법률로 정한다.

- 3심제가 헌법상 보장된 것은 아니다. 즉 모든 사건에 대해서 대법원의 재판을 받을 권리가 인정되는 것은 아니다.
- 단심재판: 비상계엄하의 군사재판(단 사형은 예외), 법관징계에 관한 소송, 기관소송
- 대통령, 국회의원선거소송: 대법원 단심
- 시·도지사, 비례대표 시·도의원 선거소송: 선거소청 후 대법원 단심
- 그 외의 지방선거: 선거소청후 고등법원, 대법원 2심제

1. 헌법 제101조 제1항, 제2항에 비추어 본다면 모든 재판은 법관에 의한 것이어야 하고 또한 대법원을 최종심으로 하는 것이어야 한다. [법원9급 10] (○)

제102조

① 대법원에 부를 둘 수 있다.

- 대법관 3인 이상으로 구성된 부에서 먼저 사건을 심리하여 의견이 일치하면 부에서 재판할 수 있다.
- 전원합의체 대상
  1. 명령 또는 규칙이 헌법에 위반함을 인정하는 경우
  2. 명령 또는 규칙이 법률에 위반함을 인정하는 경우
  3. 종전에 대법원에서 판시한 헌법·법률·명령 또는 규칙의 해석적용에 관한 의견을 변경할 필요가 있음을 인정하는 경우(판례 변경)
  4. 부에서 재판함이 적당하지 아니함을 인정하는 경우

제102조

② 대법원에 대법관을 둔다. 다만, 법률이 정하는 바에 의하여 <u>대법관이 아닌 법관</u>을 둘 수 있다.

- 대법관 수는 대법원장 포함 14인인데 헌법이 규정하는 것은 아니고 법원조직법의 규정이다. 따라서 법률의 개정으로 대법관 수를 증감하는 것이 가능하다.
- 대법관 아닌 법관은 재판 연구관을 의미한다. 다만 재판연구관은 법관이 아닌 자도 가능하다.

제102조

③ 대법원과 각급법원의 조직은 법률로 정한다.

- 특허법원은 고등법원급(2심제), 행정법원은 지방법원급 (행정법원은 합의심이 원칙이나 단독도 가능)
- 법원조직법상 법원: 대법원, 고등법원, 특허법원, 지방법원, 행정법원, 가정법원, 회생법원.

제103조

법관은 헌법과 법률에 의하여 그 양심에 따라 독립하여 심판한다.

- 재판의 물적 독립에 관한 규정이다. 이때의 양심은 법관의 개인적 양심이 아니라 직업적 양심을 말한다.
- 양형위원회는 대법원에 둔다. 양형기준은 법관을 구속하지 못한다.
- 헌재재판관에 대해서는 동일규정이 헌법에 없고 헌재법에 있다.

제104조

① 대법원장은 국회의 동의를 얻어 대통령이 임명한다.

② 대법관은 대법원장의 제청으로 국회의 동의를 얻어 대통령이 임명한다.

③ 대법원장과 대법관이 아닌 법관은 대법관회의의 동의를 얻어 대법원장이 임명한다.

- 대법원장은 대법관 중에서 임명하는 것이 아니다. 대법원장은 대법관의 지위를 가진다.
- 제3차 개헌에서는 대법원장과 대법관을 법관으로 구성되는 선거인단에서 선거하였다.
- 제5차 개헌에서는 대법원장과 대법원 판사 임명에 법관추천회의제도를 채택하였다.
- 제7차 개헌에서는 모든 법관을 대통령이 임명하였다.
- 대법관 임명에 국회동의를 요하는 것은 현행헌법이 처음이다.
- 법관의 보직권 행사는 대법원장이 단독으로 한다.
- 법관의 연임발령은 대법관회의의 동의를 얻어 대법원장이 행한다.
- 대법관회의는 대법관 3분의 2 이상의 출석과 출석 과반수의 찬성으로 의결한다.
- 대법원장은 대법관회의에서 표결권을 가지며 가부동수인때 결정권(casting vote)을 가진다.

1. 대법원장과 대법관이 아닌 법관은 인사위원회의 동의를 얻어 대법원장이 임명한다. [서울7급 19] (×)

제105조

① 대법원장의 임기는 6년으로 하며, 중임할 수 없다.

② 대법관의 임기는 6년으로 하며, 법률이 정하는 바에 의하여 연임할 수 있다.

③ 대법원장과 대법관이 아닌 법관의 임기는 10년으로 하며, 법률이 정하는 바에 의하여 연임할 수 있다.

④ 법관의 정년은 법률로 정한다.

- 법관의 정년자체는 헌법소원의 대상이 아니고 차등 정년제는 법원조직법에 규정되어 있으므로 헌법소원의 대상이 되지만 합헌이다.
- 대법원장·대법관 임기는 70세
- 일반법관의 임기는 65세

1. 대법원장과 대법관의 임기는 6년이며, 대법원장과 대법관은 법률이 정하는 바에 의해 연임할 수 있다. [서울7급 17] (×)

제106조

① 법관은 탄핵 또는 금고 이상의 형의 선고에 의하지 아니하고는 파면되지 아니하며, 징계처분에 의하지 아니하고는 정직·감봉 기타 불리한 처분을 받지 아니한다.

- 법관의 인적독립에 관한 규정이다.
- 법관징계위원회는 대법원에 둔다.
- 법관 징계처분에 대한 불복은 전심절차없이 대법원이 관할(단심제)한다. [합헌]

1. 법관은 탄핵, 금고 이상의 형의 선고 또는 징계처분에 의하지 아니하고는 파면되지 아니한다.
   [경찰승진 19] (×)

제106조

② 법관이 중대한 심신상의 장해로 직무를 수행할 수 없을 때에는 법률이 정하는 바에 의하여 퇴직하게 할 수 있다.

- 법관의 퇴직에 대하여 대법관의 경우는 대법원장의 제청으로 대통령이 하고, 법관의 경우에는 인사위원회를 거쳐 대법원장이 한다.

1. "헌법재판관이 중대한 심신상의 장해로 직무를 수행할 수 없을 때에는 법률이 정하는 바에 의하여 퇴직하게 할 수 있다."는 헌법에 규정된 내용이다.
   [법원9급 14] (×)

제107조

① 법률이 헌법에 위반되는 여부가 재판의 전제가 된 경우에는 법원은 헌법재판소에 제청하여 그 심판에 의하여 재판한다.

② 명령·규칙 또는 처분이 헌법이나 법률에 위반되는 여부가 재판의 전제가 된 경우에는 대법원은 이를 최종적으로 심사할 권한을 가진다.

- 법규명령에 대한 사법적 통제(구체적 규범통제만 인정되고 추상적 규범통제는 인정되지 않는다)

1. 법률·명령·규칙이 헌법이나 법률에 위반되는 여부가 재판의 전제가 된 경우에는 대법원은 이를 최종적으로 심사할 권한을 가진다. [행정고시 17] (×)

제107조
③ 재판의 전심절차로서 행정심판을 할 수 있다. 행정심판의 절차는 법률로 정하되, 사법절차가 준용되어야 한다.

- 필요적 행정심판에는 사법절차(독립성 공정성 대심구조)가 준용되어야 하고, 임의적 행정심판에는 사법절차가 준용되지 않아도 된다.

1. 현행 헌법은 행정심판에 관하여 규정을 두고 있지 않으나, 재판의 전심절차로서 행정심판을 할 수 있으며, 행정심판의 절차에는 사법절차가 준용되어야 한다. [국가7급 19] (×)

제108조
대법원은 법률에서 저촉되지 아니하는 범위 안에서 소송에 관한 절차, 법원의 내부규율과 사무처리에 관한 규칙을 제정할 수 있다.

- 법원의 자율권에 대한 규정이다. 대법원 규칙도 법규명령의 성질을 가지고 집행행위를 매개하지 않고 기본권을 침해하면 헌법소원의 대상이 된다(법무사법 시행규칙).

1. 대법원은 법령에 저촉되지 아니하는 범위안에서 소송에 관한 절차, 법원의 내부규율과 사무처리에 관한 규칙을 제정할 수 있다. [국회8급 18] (×)

제109조
재판의 심리와 판결은 공개한다. 다만, 심리는 국가의 안전보장 또는 안녕질서를 방해하거나 선량한 풍속을 해할 염려가 있을 때에는 법원의 결정으로 공개하지 아니할 수 있다.

- 공공복리는 비공개사유가 아니다.
- 공개대상은 재판의 「심리와 판결」만이므로 **공판준비절차는 공개할 필요가 없다.**
- 심리는 비공개가 가능하지만, 판결은 반드시 공개하여야 한다.
- 소년보호사건절차는 공개하지 않으며, 소년사건과 가사사건은 그 보도가 제한된다(가소법 제10조, 소년법 제68조).

1. 재판의 심리와 판결은 공개한다. 다만, 국가의 안전보장 또는 안녕질서를 방해하거나 선량한 풍속을 해할 염려가 있을 때에는 법원의 결정으로 심리와 판결을 공개하지 아니할 수 있다. [국가7급 21] (×)

제110조

① 군사재판을 관할하기 위하여 **특별법원**으로서 군사법원을 둘 수 있다.

② 군사법원의 <u>상고심</u>은 대법원에서 관할한다.

③ 군사법원의 조직 · 권한 및 재판관의 자격은 법률로 정한다.

④ 비상계엄하의 군사재판은 군인 · 군무원의 범죄나 군사에 관한 간첩죄의 경우와 초병 · 초소 · 유독음식물공급 · 포로에 관한 죄 중 법률이 정한 경우에 한하여 단심으로 할 수 있다. 다만, <u>사형</u>을 선고한 경우에는 그러하지 아니하다.

- 군사법원은 법원조직법상 법원이 아니라 군사법원법상의 별도의 법원이다.
- 보통군사법원 → 고등법원(일반법원) → 대법원의 3심제

1. 군사법원은 현행 헌법이 명문으로 인정하고 있는 유일한 특별법원이다. [법원9급 10] (O)

제6장   헌법재판소

제111조

① 헌법재판소는 다음 사항을 관장한다.

1. 법원의 제청에 의한 법률의 위헌여부 심판
2. 탄핵의 심판
3. 정당의 해산 심판
4. 국가기관 상호간, 국가기관과 지방자치단체 간 및 지방자치단체 상호간의 권한쟁의에 관한 심판
5. 법률이 정하는 헌법소원에 관한 심판

② 헌법재판소는 법관의 자격을 가진 9인의 재판관으로 구성하며, 재판관은 대통령이 임명한다.

③ 제2항의 재판관중 3인은 국회에서 선출하는 자를, 3인은 대법원장이 지명하는 자를 임명한다.

④ 헌법재판소의 장은 국회의 동의를 얻어 재판관 중에서 대통령이 임명한다.

• 헌법재판관의 수는 헌법이 직접 규정하고 있다. 헌법재판관의 임명에는 국회의 동의를 요하지 않는다.

• 제1공화국은 헌법위원회를 설치하였다.

• 제2공화국 헌법에서 헌법재판소를 규정하였으나 실시되지 못하였다.

• 제3공화국은 대법원에서 위헌법률심판을 담당하였다.

• 제4, 5공화국은 헌법위원회를 두었으나 대법원의 불송부 결정권으로 인하여 위헌법률심판을 한 건도 하지 않았다.

• 헌법소원은 현행 헌법에서 처음 규정되었다.

• 합헌적 법률해석은 주로 규범통제과정(위헌법률심판)에서 이루어지는 것이 보통이나 **반드시 규범통제를 전제로 하는 것은 아니다. 즉 법원이 일반재판에서 법을 적용하는 과정에서도 발생한다.** 합헌적 법률해석을 하게 되면 규범통제의 기능은 약화된다. 합헌적 법률해석은 헌법의 최고규범성에만 근거하여 인정가능 하고 별도의 근거가 필요없다. 위헌법률심판은 별도의 근거가 필요하다.

1. 헌법재판소 재판관이 되기 위해서는 법관의 자격을 갖추어야 한다. [입법고시 20] (○)

2. 헌법재판관은 대통령, 국회, 대법원장이 각 3인씩을 임명하고, 헌법재판소장은 국회의 동의를 얻어 재판관 중에서 대통령이 임명한다. [법원9급 19] (×)

제112조

① 헌법재판소 재판관의 임기는 6년으로 하며, 법률이 정하는 바에 의하여 연임할 수 있다.
② 헌법재판소 재판관은 정당에 가입하거나 정치에 관여할 수 없다.
③ 헌법재판소 재판관은 탄핵 또는 금고 이상의 형의 선고에 의하지 아니하고는 파면되지 아니한다.

- 헌법재판소 소장의 임기와 연임은 명문규정이 없다.
- 헌법재판소장은 인사청문특위대상이다. 국회에서 선출하는 3인도 인사청문특위대상, 대통령과 대법원장이 지명하는 3인은 상임위의 인사청문 대상이다.
- 헌법재판관의 정당가입금지는 헌법이 직접 규정하고 있다.

1. 현행 헌법에는 헌법재판소장의 임기와 연임가능여부에 대한 명시적 규정이 없다. [법무사 14] (×)

제113조

① 헌법재판소에서 법률의 위헌결정, 탄핵의 결정, 정당해산의 결정 또는 헌법소원에 관한 인용결정을 할 때에는 재판관 6인 이상의 찬성이 있어야 한다.
② 헌법재판소는 법률에 저촉되지 아니하는 범위 안에서 심판에 관한 절차, 내부규율과 사무 처리에 관한 규칙을 제정할 수 있다.
③ 헌법재판소의 조직과 운영 기타 필요한 사항은 법률로 정한다.

- 헌법재판소는 재판관 7인 이상의 출석으로 심리한다.
- 헌법재판도 재판관 과반수의 찬성으로 의결하는 것이 원칙이지만 권한쟁의심판을 제외하고는 특별규정에 의하여 재판관 6인 이상의 찬성이 있어야 한다.
- 권한쟁의심판은 과반수 이상의 찬성이 있으면 권한침해를 결정할 수 있다.
- 가처분에 대한 명문의 규정은 권한쟁의와 정당해산심판에만 있다. 그 외는 판례에 의해서 인정된다.

1. 헌법재판소에서 법률의 위헌결정, 탄핵의 결정, 정당해산의 결정 또는 헌법소원에 관한 인용결정을 할 때에는 재판관 5인 이상의 찬성이 있어야 한다. [법무사 20] (×)

제 **7** 장 선거관리

제114조

① 선거와 국민투표의 공정한 관리 및 정당에 관한 사무를 처리하기 위하여 선거관리위원회를 둔다.

- 선거관리위원회는 헌법상 필수기관이다.
- 선거관리위원회의 업무는 선거, 국민투표, 정당에 관한 사무 3가지 이다.

제114조

② 중앙선거관리위원회는 대통령이 임명하는 3인, 국회에서 선출하는 3인과 대법원장이 지명하는 3인의 위원으로 구성한다. 위원장은 위원 중에서 호선한다.
③ 위원의 임기는 6년으로 한다.

- 중앙선거관리위원회는 제3차 개헌에서 규정되었다.
- 각급 선거관리위원회는 제5차 개헌에서 규정되었다.
- 헌법재판관은 형식적으로 9인 모두 대통령이 임명하지만 중앙선거관리위원은 3명만 대통령이 임명한다.
- 국회에서 선출하는 3인은 인사청문특위대상이고, 대통령과 대법원장이 지명하는 3인은 상임위원회의 인사청문대상이다. 위원장은 인사청문 대상이 아니다(호선하므로) 위원은 겸임이 가능하다. 위원의 연임에 관한 규정이 없다.

제114조

④ 위원은 정당에 가입하거나 정치에 관여할 수 없다.

⑤ 위원은 탄핵 또는 금고 이상의 형의 선고에 의하지 아니하고는 파면되지 아니한다.

⑥ 중앙선거관리위원회는 법령의 범위 안에서 선거관리·국민투표관리 또는 정당사무에 관한 규칙을 제정할 수 있으며, 법률에 저촉되지 아니하는 범위 안에서 내부규율에 관한 규칙을 제정할 수 있다.

⑦ 각급 선거관리위원회의 조직·직무범위 기타 필요한 사항은 법률로 정한다.

- 위원의 정당가입 금지를 헌법이 직접 규정하고 있다.
- 선과위의 규칙제정권 규정이 대법원이나 헌재와 다르다는 점은 주의를 요한다.

제115조

① 각급 선거관리위원회는 선거인명부의 작성 등 선거사무와 국민투표사무에 관하여 관계 행정기관에 필요한 지시를 할 수 있다.

② 제1항의 지시를 받은 당해 행정기관은 이에 응하여야 한다.

- 선거인 명부 작성은 중앙선관위가 아니라 '각급'선관위가 주도한다.

제116조

① 선거운동은 <u>각급</u> 선거관리위원회의 관리 하에 법률이 정하는 범위 안에서 하되, 균등한 기회가 보장되어야 한다.

② 선거에 관한 경비는 법률이 정하는 경우를 제외하고는 정당 또는 후보자에게 부담시킬 수 없다.

- 선거운동의 관리는 중앙선관위가 아니라 '각급'선관위의 관리하에 한다.
- 선거경비는 선거공영제를 통하여 원칙적으로 국가가 부담한다.

1. 선거운동에서의 균등한 기회보장은 헌법에서 명문으로 규정하고 있다. [법무사 15] (O)
2. 선거운동은 각급 선거관리위원회의 관리하에 법률이 정하는 범위안에서 하되, 균등한 기회가 보장되어야 하며, 선거에 관한 경비는 정당에게 부담시킬 수 있으나 후보자에게는 부담시킬 수 없다. [국가7급 19] (×)

제117조
① 지방자치단체는 주민의 복리에 관한 사무를 처리하고 재산을 관리하며, <u>법령의 범위 안에서</u> 자치에 관한 규정을 제정할 수 있다.

• 주민의 복리에 관한 사무는 자치사무를 말한다. 즉 헌법은 자치사무에 대해서는 규정이 있지만 위임사무에 대해서는 별도의 규정을 두고 있지 않다.

제117조
② 지방자치단체의 종류는 법률로 정한다.

• 광역자치단체: 시 · 도 (특별시 · 광역시, 도를 말한다)
• 기초자치단체: 시 · 군 · 구(이때 시는 특별시 · 광역시가 아닌 시, 구는 특별시 광역시에 있는 구를 말한다.)

제118조
① 지방자치단체에 의회를 둔다.
② 지방의회의 조직 · 권한 · 의원선거와 지방자치단체의 장의 선임방법 기타 지방자치단체의 조직과 운영에 관한 사항은 법률로 정한다.

• 지방의회는 헌법에 의해 반드시 구성하여야 한다.
• 지방의회의원 선거에 대해서는 헌법에 명문 규정이 있기 때문에 주민의 지방의회의원 선거권은 헌법상의 기본권이다. 그러나 지자체장의 선거에 관한 명문규정이 없으므로 지자체장을 임명하더라도 헌법의 명문에 반하는 것은 아니다. 다만 헌법재판소는 지자체장 선거권도 기본권으로 인정한다.

1. 지방의회의 조직 · 권한 · 의원선거와 지방자치단체의 장의 선임방법 기타 지방자치단체의 조직과 운영에 관한 사항은 조례로 정한다. [법무사 18] (×)

제9장 경제

제119조

① 대한민국의 경제질서는 개인과 기업의 경제상의 자유와 창의를 존중함을 기본으로 한다.

- 우리 헌법상 경제질서는 자유시장경제질서가 원칙이라는 규정이다.
- 건국헌법은 사회화의 경향이 강하였으나, 제2차 개헌에서 자유시장경제로 전환하였다. 건국헌법의 근로자 이익분배균점권은 제5차 개헌에서 삭제 되었다.

제119조

② 국가는 균형있는 국민경제의 성장 및 안정과 적정한 소득의 분배를 유지하고, 시장의 지배와 경제력의 남용을 방지하며, 경제주체간의 조화를 통한 경제의 민주화를 위하여 경제에 관한 규제와 조정을 할 수 있다.

- 자유시장경제질서를 원칙으로 하되 경제에 대한 국가의 규제와 조정을 인정함으로써 사회적 시장경제질서원칙을 규정하고 있다. 사회국가원리의 도입에 관한 규정이다.
- 적정한 소득의 분배로부터 누진세를 도입해야 할 헌법적 의무는 도출되지 않는다.

1. 지속가능한 국민경제의 성장은 현행 헌법이 명문으로 규정하고 있다. [법원9급 15] (×)
2. 헌법은 국가가 독과점의 규제와 조정 및 공정거래의 보장에 관하여 노력할 의무가 있음을 명문으로 규정하고 있다. [법무사 14] (×)

제120조

① 광물 기타 중요한 지하자원·수산자원·수력과 경제상 이용할 수 있는 자연력은 법률이 정하는 바에 의하여 일정한 기간 그 채취·개발 또는 이용을 특허할 수 있다.

② 국토와 자원은 국가의 보호를 받으며, 국가는 그 균형있는 개발과 이용을 위하여 필요한 계획을 수립한다.

• 헌법은 수력에 관한 규정을 두고 있지만 풍력에 관한 규정은 없다.

1. 수력은 법률이 정하는 바에 의하여 일정한 기간 그 이용을 특허할 수 있다. [경찰승진 20] (O)

제121조

① 국가는 농지에 관하여 경자유전의 원칙이 달성될 수 있도록 노력하여야 하며, 농지의 소작제도는 금지된다.

② 농업생산성의 제고와 농지의 합리적인 이용을 위하거나 불가피한 사정으로 발생하는 농지의 임대차와 위탁경영은 법률이 정하는 바에 의하여 인정된다.

• 자경농지에 대해서만 양도소득세를 면제하는 것은 합헌이다.

1. 경자유전의 원칙은 현행 헌법이 명문으로 규정하고 있다. [법원9급 15] (O)

2. 국가는 농지에 관하여 경자유전의 원칙이 달성될 수 있도록 노력하여야 하며, 농지의 임대차는 금지된다. [행정고시 17] (×)

제122조

국가는 국민 모두의 생산 및 생활의 기반이 되는 국토의 효율적이고 균형있는 이용·개발과 보전을 위하여 법률이 정하는 바에 의하여 그에 관한 필요한 제한과 의무를 과할 수 있다.

• 토지에 대한 제한은 다른 재산권보다 광범위한 입법형성권이 인정된다.(토지공개념)

제123조

① 국가는 농업 및 어업을 보호·육성하기 위하여 농·어촌종합개발과 그 지원 등 필요한 계획을 수립·시행하여야 한다.

② 국가는 지역간의 균형있는 발전을 위하여 지역경제를 육성할 의무를 진다.

입법자가 지역경제를 주장하기 위해서는 지역간의 심한 경제적 불균형과 같은 구체적이고 합리적인 사유가 있어야 한다.

③ 국가는 중소기업을 보호·육성하여야 한다.

• 농업·어업·지역경제·중소기업 보호에 관한 헌법 규정이 있다.

1. 중소기업의 보호·육성은 현행 헌법이 명문으로 규정하고 있다. [법원9급 15] (O)

제123조

④ 국가는 농수산물의 수급균형과 유통구조의 개선에 노력하여 가격안정을 도모함으로써 농·어민의 이익을 보호한다.

• 농수산물의 수급균형과 유통구조의 개선은 농 어민을 보호하기 위한 것이지 소비자의 이익을 보호하기 위한 것이 아니다.

1. 농수산물의 수급균형은 현행 헌법이 명문으로 규정하고 있다. [법원9급 15] (O)

제123조

⑤ 국가는 농·어민과 중소기업의 <u>자조조직을 육성</u>하여야 하며, 그 자율적 활동과 발전을 보장한다.

- 자조조직이 제대로 기능하지 못하는 때는 국가가 적극적으로 이를 육성하고 발전시켜야할 의무가 있다.

제124조

국가는 건전한 소비행위를 계도하고 생산품의 품질향상을 촉구하기 위한 <u>소비자보호운동</u>을 법률이 정하는 바에 의하여 보장한다.

- 소비자 보호운동은 제8차 개헌에서 규정되었다.

제125조

국가는 대외무역을 육성하며, 이를 규제·조정할 수 있다.

- 헌법은 대외무역의 육성과 규제·조정에 관한 명문규정을 두고 있다.

제126조

<u>국방상 또는 국민경제상 긴절한 필요</u>로 인하여 법률이 정하는 경우를 제외하고는, 사영기업을 국유 또는 공유로 이전하거나 그 경영을 통제 <u>또는 관리</u>할 수 없다.

- 사기업의 예외적 국·공유화는 국방상 또는 국민경제상 긴절한 필요가 있어야 하고 법률이 정하는 경우여야 한다.

1. 우리 헌법은 경제주체의 경제상의 자유와 창의를 존중함을 기본으로 하므로 국민경제상 긴절한 필요가 있어 법률로 규정하더라도 사영기업을 국유 또는 공유로 이전하는 것은 인정되지 않는다. [법무사 18] (×)

제127조

① 국가는 과학기술의 혁신과 정보 및 인력의 개발을 통하여 국민경제의 발전에 노력하여야 한다.

② 국가는 국가표준제도를 확립한다.

③ 대통령은 제1항의 목적을 달성하기 위하여 필요한 자문기구를 둘 수 있다.

• 헌법은 과학기술 혁신과 정보 및 인력개발, 국가표준제도에 대해서 규정하고 있다.
• 과학기술자문회의는 헌법기구가 아니라 법률상 기구이다.

제128조

① 헌법개정은 국회재적의원 과반수 또는 대통령의 발의로 제안된다.

② 대통령의 임기연장 또는 중임변경을 위한 헌법개정은 그 헌법개정 제안 당시의 대통령에 대하여는 효력이 없다.

- 제2차 개헌에서 국민도 헌법개정안을 발안할 수 있는 규정이 도입되었으나 제7차 개헌에서 삭제 되었다.
- 대통령 중임제한은 제8차 개헌에서 규정되었다. 개정금지도항이 아니라 인적효력범위제한설이라고 보는 것이 다수설이다.

1. 헌법개정은 국회재적의원 3분의 1 이상 또는 대통령의 발의로 제안된다. [서울7급 19] (×)

제129조

제안된 헌법개정안은 대통령이 20일 이상의 기간 이를 공고하여야 한다.

- 공고를 하는 이유는 국민적 합의를 도출하기 위함이다.
- 법률안은 수정의결이 가능하지만 헌법은 수정의결을 할 수 없다.(공고절차에 위배되기 때문이다)
- 공고절차를 위반한 개정: 제1차 개헌(발췌개헌)
- 정족수를 위반한 개정: 제2차 개헌(사사오입개헌)

1. 제안된 헌법개정안은 대통령이 30일 이상의 기간 이를 공고하여야 한다. [경찰승진 21] (×)

제130조

① 국회는 헌법개정안이 공고된 날로부터 60일 이내에 의결하여야 하며, 국회의 의결은 재적의원 3분의 2 이상의 찬성을 얻어야 한다.

② 헌법개정안은 국회가 의결한 후 30일 이내에 국민투표에 붙여 국회의원선거권자 과반수의 투표와 투표자 과반수의 찬성을 얻어야 한다.

③ 헌법개정안이 제2항의 찬성을 얻은 때에는 헌법개정은 확정되며, 대통령은 즉시 이를 공포하여야 한다.

- 헌법개정은 대통령의 공포로 확정되는 것이 아니라 국민투표로 확정된다.
- 최초로 국민투표로 확정된 헌법은 제5차 개헌이지만 제2공화국 헌법에 규정된 절차를 따른 것은 아니었다.
- 헌법개정에 필수적 국민투표를 규정한 것은 제5차 개헌이다.

1. 헌법개정안은 국회가 의결한 후 60일 이내에 국민투표에 붙여 국회의원선거권자 과반수의 투표와 투표자 과반수의 찬성을 얻어야 한다. [국가7급 21] (×)

이론편

실질적 의미의 헌법과 형식적 의미의 헌법

구분	실질적 의미의 헌법	형식적 의미의 헌법
개념	**형식과 관계없이 내용이 헌법적 사항을 포함하고 있는 것**을 말한다.	내용과 관계없이 **헌법전의 형태로 존재하는 것**을 말한다. 형식적 의미의 헌법은 성문헌법과 동일한 개념이다.
종류	헌법전, 국회법, 정부조직법, 법원조직법	헌법전
기능	실질적 의미의 헌법은 국가인 한 모두 존재하며, 불문헌법국가에도 존재한다. 따라서 형식적 헌법은 물론 실질적 헌법도 국가창설적 기능을 담당한다.	헌법전의 형식으로 존재한다. 「영국에는 헌법이 없다」는 말은 형식적 의미의 헌법이 없음을 의미한다.
효력	존재형태에 따라 그 효력도 달라진다. **헌법전의 형태로 존재하면 최고법으로서 일반법률에 우선하는 효력이 인정**되고, 법률의 형태로 존재하면 헌법보다 하위인 법률로서의 효력을 가진다. 요컨대 효력은 형식적 기준으로 정해진다.	형식적 의미의 헌법은 헌법전에 수록된 것으로서 그 **내용과 관계없이 법률에 우선하는** 효력을 가진다.
기타	형식적 헌법이지만 실질적 헌법이 아닌 것: 바이마르헌법의 풍치조항, 미연방헌법의 금주조항, 스위스 헌법의 도살조항, 벨기에 헌법상 선혼인후거례조항(先婚姻後擧例條項)(§16)등	

개정의 난이도에 따른 헌법 개념

구분	연성헌법	경성헌법
개념	일반법률과 동일한 절차와 방법으로 헌법을 개정할 수 있는 헌법이다.(영국헌법)	법률보다 까다로운 절차와 방법에 의해서만 헌법을 개정할 수 있는 헌법이다.

헌법의 개념과 발달

헌법 = Constitution Law(조직 구성의 법)

1. 고유한 의미의 헌법: 국가조직과 구성에 관한 기본법으로서 통치체제에 관한 기본사항을 정한 국가의 기본법을 말한다. 헌법의 국가구성적 기능을 의미한다. 즉 기본권에 관한 내용이 없다. 고유한 의미의 헌법은 국가의 통치구조에 관한 기본사항을 규정한 것을 말한다. 국가가 존재하는 한 성문이건 불문이건 어떠한 형태로든 존재한다. 「국가가 있는 곳에 헌법이 있고, 헌법이 있는 곳에 국가가 있다」라는 말로 표현된다.

   - 시민혁명으로 헌법에 기본권의 개념이 도입
     - 프랑스 혁명: 급진적으로 전개(천부인권 강조)
     - 영국: 점진적으로 전개(천부인권이 아니라 절차적 권리의 확인)
     - 미국 독립전쟁: 천부인권 강조
     - 독일: 시민혁명을 겪지 않음(외견적 입헌주의).

2. 근대 입헌주의 헌법: 시민혁명을 통해서 성립된 헌법으로서 기본권의 개념이 헌법에 도입되었다. 형식적 국민주권, 제한선거제

   - 빈부격차의 심화로 국가의 기능이 확대되면서 현대사회국가 헌법등장

3. 현대 사회국가 헌법의 성립: 사회적 기본권의 보장, 경제에 대한 국가의 규제와 조정이 가능해졌다. 실질적 국민주권, 보통선거제의 확립

구 분	근대입헌주의헌법	현대사회국가헌법
주권과 선거권	형식적 국민주권 → 대의제 →제한선거	실질적 국민주권 → 보통선거
국민	국민은 주권의 보유자이지만 행사자는 아니다.	국민은 주권의 행사자이다.
국가관	소극국가(작은정부) · 자유방임 · 야경국가	적극국가(큰정부) · 행정 · 사회 · 조세 · 계획국가
경제체제	자유시장경제질서(경제에 대한 국가의 개입을 최소화, 시장에 의한 자유로운 가격조절: 보이지 않는 손에 의한 가격 조절)	자유시장경제질서를 기본으로 하되 국가의 규제와 조정을 넓게 인정하는 사회적 시장 경제질서 내지 혼합 경제질서 표방
법치주의	형식적 법치주의(법률의 우위)	실질적 법치주의(헌법의 우위, 위헌법률심판제도)
평등권	형식적 평등(기회의 평등)	실질적 평등(결과의 평등)
권력분립	국가기관중심의 엄격한 권력분립(고전적 권력분립)	행정부의 강화(권력통합) → 고전적 권력분립 위기 → 기능적 권력분립론 → 헌법재판 인정
기본권의 본질	前국가적 권리성의 인식, 자연법상 권리 · 천부인권론, 자유권, 정치적 기본권 강조	자연권설의 기본은 유지하며 새로운 사회적 기본권 인정
재산권	재산권의 절대성 강조	재산권도 상대적 개념으로 파악
기본권의 효력	기본권은 주관적 공권 → 대국가적 효력(천부인권 및 항의적 성질의 권리 개념), 대국가적 방어권	기본권의 이중성, 대국가적 효력, 기본권의 객관적가치질서성 → 국가의 기본권 보호의무, 기본권의 대사인적 효력
국제평화주의	부정	인정

◉ 한국헌법의 기본원리

국민주권원리	• 주권은 대내적으로는 최고의 권력이며 대외적으로는 독립의 권력이다. • 주권은 최고성 · 독립성 · 시원성 · 자율성 · 단일불가분성 · 불가양성 · 항구성 · 실정법초월성 등을 본질적 속성으로 한다. • 우리헌법도 제60조에서 주권의 한계를 인정하고 있다. 구체적으로는 조약에 의한 주권의 제약이 가능함을 규정하고 있다. 이때 조약은 국회의 동의를 받아야 한다.
자유민주주의 원리	• 자유민주주의는 우리헌법이 추구하는 핵심이념으로서 민주주의를 자유주의에 구속시키는 가치지향적 가치구속적 민주주의로서 민주주의가 보호하려는 방어적 민주주의의의 한 내용이다.
사회국가원리	• 모든 국민에게 그 생활의 기본적 수요를 충족시킴으로써 건강하고 문화적인 생활을 영위할 수 있도록 하는 것이 국가의 책임이면서, 그것에 대한 요구가 국민의 권리로서 인정되어 있는 국가를 사회국가라 하고 이를 실현하려는 원리를 사회국가원리라고 한다. • 우리헌법은 건국헌법이래 사회적 기본권을 규정하는 방법으로 사회국가원리를 채택하고 있으며 사회국가원리에 대한 명시적 규정을 한 적은 없다. 현행헌법은 헌법 전문(국민생활의 균등한 향상), 사회적 기본권 규정, 헌법 제119조(경제에 대한 규제와 조정) 등으로 사회국가원리를 채택하고 있다.
문화국가원리	• 오늘날 문화국가에서의 문화정책은 그 초점이 문화 그 자체에 있는 것이 아니라 문화가 생겨날 수 있는 문화풍토를 조성하는 데 두어야 한다. 즉 문화에 대한 불편 부당한 정책을 하여야 한다.
법치국가원리	• 법치국가의 원리란 모든 국가적 활동과 국가공동체적 생활은 국민의 대표기관인 의회가 제정한 법률에 근거를 두고(법률유보의 원칙), 법률에 따라(법률우위의 원칙) 이루어져야 한다는 헌법원리로서 현행 헌법에 명문규정은 없으나 법치국가원리는 우리 헌법상의 기본원리 중의 하나로 인정된다. 법치국가에서 신뢰보호원칙원칙이 나온다.
평화국가원리	• 평화국가란 국제협조와 국제평화의 지향을 그 이념적 기반으로 하는 국가를 말한다.

◉ 헌법관의 차이

	법실증주의	결단주의	통합주의
대표자	Jellinek, Kelsen	Schmitt	Smend, Hesse
연구 대상	주어진 헌법조문만을 대상. 자연법을 배격하고 실정법만 인식대상으로 함. 사실과 규범을 엄격히 구분하여, 모든 존재적 요소를 배격한다.	헌법제정권자의 결단의 내용	국가가 추구해야 할 근본가치
정치와 법	엄격히 구별	구별하지 않는다.	구별하지 않는다.
왜최고규범인가	헌법은 주어진 존재일 뿐이다.	제정권자의 결단이기 때문	근본가치이기 때문

기본권에 대한 인식	주관적 공권이 아니라 반사적 이익에 불과하다.(켈젠) 옐리네크는 주관적 공권성을 인정하나 법률속의 권리로 파악한다.	천부인권으로서 주관적 공권(자연권)성 인정, 대국가적 방어권, 자유권만 진정한 기본권, 국가로부터의 자유를 강조한다. 자유주의 기본권관	**기본권의 이중성** 1. 주관적 공권성도 인정 사회적 기본권 강조, 국가를 향한 자유 2. 객관적 가치질서 → 국가의 기본권 보호의무, 기본권의 대사인효
통치 구조	형식적 법치주의	기본권과 통치구조는 이원적 단절관계	기본권과 통치구조는 일원적 교차관계
헌법제정 한계	헌법제정의 한계 부정	헌법제정의 한계 부정	헌법제정의 한계 인정
헌법 개정 한계	헌법규범간의 등가성 → 헌법개정무한계설	근본 결단: 헌법 기타 결단: 헌법률 헌법률은 헌법을 넘을 수 없으므로 헌법개정한계설	근본가치가 헌법개정의 한계
관점	정태적 헌법관	동태적 미시적 찰나적 헌법관	동태적·거시적 헌법관
국가	국가의 선재성 인정	국가의 선재성 인정	국가의 선재성 부정

보호의무의 수범자	1차적 수범자: 법치행정의 원칙상 1차적으로 국회가 법을 만들어야 기본권의 보호가 가능하다. 즉, 기본권보호의무의 1차적 수범자는 국회이다.
	행정부와 사법부: 입법의 내용에 따른 집행과 재판을 통하여 기본권을 구체적으로 실현하게 되며, 이 과정에서 행정부와 사법부는 기본권의 보장의무를 담당하게 된다.
보호의 정도	국회가 법을 제정할 때는 여러 가지 여건을 고려하여 '최적'의 보호를 하여야 한다.
통제의 기준	과소보호금지의 원칙: 국가는 적어도 국민의 기본권적 법익을 보호하기 위하여 **적절하고도 효과적인 최소한의 보호조치를 취할 의무**를 진다. 그러한 보호조치가 헌법이 요구하는 최저한의 보호수준에 미달하여서는 아니된다는 것이 과소보호금지의 원칙이다.
	헌법재판소의 기준: "**헌법재판소로서는 국가가 특정조치를 취해야만 당해 법익을 효율적으로 보호할 수 있는 유일한 수단인 특정조치를 취하지 않은 때에 보호의무의 위반을 확인하게 된다**"고 판시하여 과소보호금지원칙의 의미를 '적절하고 효율적인 최소한의 보호조치'라고 제시하고 있다.
통제의 한계	1. 헌법재판소는 국민의 기본권 보장을 위한 **보호조치가 전혀 이루어지지 않은 진정 입법부작위의 경우나, 채택한 보호조치가 기본권을 보호하기에 명백하게 부적합하거나 불충분한 경우**에 한하여 보호의무 위반을 이유로 위헌 판단을 내릴 수 있을 것이다. 2. 권력분립의 원칙상 헌법재판소는 보호의무위반을 확인할 수 있을 뿐 입법자에게 특정의 조치를 채택하도록 의무를 부과할 수는 없다는 점에서 한계가 있다.

🔵 기본권 경합과 충돌(기본권의 갈등)

기본권 경합	동일한 기본권 주체가 국가에 대해 여러 가지의 기본권을 주장할 때 어느 기본권을 우선시키는 가의 문제를 말한다.(대국가효)
기본권 충돌	둘 이상의 기본권 주체가 주장하는 기본권이 충돌하는 경우 누구의 기본권을 우선시키는 가의 문제를 말한다.(대사인효)
특징	기본권 갈등은 기본권 해석의 문제이며 기본권 제한의 문제이며 기본권의 효력에 관한 문제이다.

🔵 기본권 경합의 해결 방법

(1) 특별법우선의 원칙(일반적 기본권과 특별 기본권이 경합하는 경우)

일반적 기본권과 특별기본권이 경합하는 경우, 「특별법우선의 원칙」에 따라 당해 행위에 적용될 수 있는 기본권 중 특별법적 지위에 있는 기본권이 우선 적용된다. 대표적으로 ① 행복추구권과 다른 기본권이 경합하면 행복추구권은 별도로 검토하지 아니한다. ② 공무담임권은 직업선택의 자유에 대한 특별기본권이므로 직업의 자유는 배제되고 공무담임권을 적용한다.

(2) 판례

제청신청인과 제청법원의 의도 및 기본권을 제한하는 입법자의 객관적 동기 등을 참작하여 사안과 가장 밀접한 관계에 있고 또 침해의 정도가 큰 주된 기본권을 중심으로 해서 그 제한의 한계를 판단한다.

경찰청장 퇴직후 2년간 정당가입금지 사건: 제한되는 기본권은 정당의 자유이고 공무담임권은 제한되는 기본권으로 고려되지 아니한다. 정당의 가입금지는 자유민주적 질서를 위반하는 정도에 버금가는 것이어야 한다.

🔵 기본권 충돌의 해결 방법

(1) 이익형량의 원칙

이익형량의 원칙이란 상이한 기본권 주체 간에 기본권이 서로 충돌할 경우, 그 효력의 우열을 결정하기 위해서 양자의 이익을 형량하여 보다 우월한 이익을 우선시키는 해결하는 방식이다.(기본권 서열이론) 예컨대, 흡연권 보다는 혐연권이 상위의 기본권이므로 혐연권에 의해서 흡연권에 대한 제한이 가능하다.

(2) 규범조화적 해석에 의한 방법

규범조화적 해석이란 어느 하나의 기본권만을 타 기본권에 우선시키지 않고 헌법의 통일성을 유지하기 위해서 상충하는 기본권 모두가 최대한으로 그 기능과 효력을 나타낼 수 있는 조화의 방법을 찾으려는 것이다. 예컨대, 언론보도에 의한 사생활의 침해가 있는 경우 정정보도를 인정하는 것이다.

진정소급입법과 부진정소급입법

	진정소급입법	부진정소급입법
개념	진정소급입법이란 **과거에 이미 완성된 사실이나 법률관계를 대상으로 하는 입법을 말한다.**	과거에 시작되었으나 **현재 진행 중인 사실관계 또는 법률관계에 적용케 하는 입법을** 말한다.
허용여부	원칙적 금지	원칙적으로 허용
	진정소급입법의 예외적 허용	부진정소급의 예외적 금지
	① 국민이 **소급입법을 예상할 수 있는 경우** ② **법적 상태가 불확실하고 혼란스러워 보호할 만한 신뢰이익이 적은 경우** ③ 소급입법에 의한 당사자의 손실이 없거나 아주 **경미한 경우** ④ 신뢰보호의 요청에 우선하는 **심히 중대한 공익상의 사유**가 소급입법을 정당화하는 경우	소급효를 요구하는 공익상의 사유와 신뢰보호의 요청 사이의 교량과정에서 신뢰보호의 관점이 입법자의 형성권에 제한을 가하게 된다.

위헌법률심판(헌가 사건)과 위헌심사형 헌법소원(헌바 사건)

우리나라는 구체적 규범통제만 인정하고 추상적 규범통제는 인정되지 않는다.

▸ 헌재에 위헌제청 할 때는 대법원을 경유해야 한다.
▸ 당사자의 위헌제청신청은 당해 사건의 전 심급을 통해서 한 번만 할 수 있다.
▸ 권리구제형 헌법소원(헌마)은 국민만 가능하고 국가기관은 할 수 없지만, 위헌심사형 헌법소원(헌바)은 국가기관인 행정청도 가능하다.

※ 두 사건의 공통점

(1) 대상

법률 + 법률과 동일한 효력을 가진 ┌ 대통령의 긴급명령, 긴급재정경제명령
　　　　　　　　　　　　　　　├ 국회의 동의를 받은 조약
　　　　　　　　　　　　　　　└ 관습법

→ 헌법조문이나 법규명령 등에 대해서는 불가

(2) 재판의 전제성

1) 재판

모든 종류의 재판을 포함한다.

2) 전제성

① 당해 사건이 적법하게 계속 중일 것. 위 사례에서 간통죄가 취하나 각하되지 않을 것

② 해당 조문이 당해 사건에 직접 적용되는 조문일 것. 단 밀접한 관련이 있으면 간접적용되는 조문도 가능

③ 위헌 결정이 나면 다른 내용의 재판을 하게 되는 경우일 것. 다른 내용의 재판은 판결의 주문이 달라지는 경우와 판결의 이유를 달리하는 경우를 포함한다(위 사례에서 간통죄가 위헌 결정이 나면 당해 사건은 무죄판결이 나게 된다)

● 권리구제형헌법소원(헌마 사건)

(1) 청구인 능력(기본권 주체성)

① 자연인인 대한민국국민은 모두 인정. 태아는 제한적으로 생명권의 주체성 인정. 배아는 기본권주체성 부정

② 외국인: 기본권에 따라 다르다. 자유권은 대체로 인정
　　　　　　정치적 기본권은 부정
　　　　　　사회적 기본권은 경우에 따라 다르다.

③ 법인: 사법인은 원칙적으로 인정
　　　　　공법인은 원칙적으로 부정(서울대학교, 한국방송공사은 인정되는 경우가 있다)

(2) 공권력의 행사 또는 불행사

① 원칙적으로 입법·행정·사법의 모든 공권력이 대상이 된다. 다만 법원은 재판은 헌법재판소법에 의해 헌법소원의 대상이 아니다. 법원의 재판이 헌법소원의 대상이 되는 유일한 예외는 헌재가 위헌으로 결정한 법령을 적용하여 기본권을 침해한 재판이다.

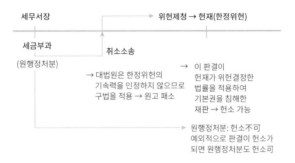

② 법률은 집행행위의 매개없이 직접 기본권을 침해하면 헌법소원의 대상이 된다.
③ 법규명령도 집행행위의 매개없이 직접 기본권을 침해하면 헌법소원의 대상이 된다.
④ 행정규칙은 원칙적으로 헌법소원의 대상이 아니지만 재량준칙과 법령보충적 행정규칙은 집행행위의 매개없이 직접 기본권을 침해하면 헌법소원의 대상이 된다.
⑤ 입법부작위는 진정입법부작위만 헌법소원의 대상이 된다. 부진정입법부작위는 부작위를 대상으로 하는 헌법소원은 안되지만 법률의 내용을 대상으로 하는 헌법소원은 가능하다.
⑥ 행정입법부작위는 헌법소원의 대상이 된다.(대법원이 행정입법부작위에 대해 부작위위법확인소송을 인정하지 않기 때문이다)

※ 입법부작위의 종류와 구제

	단순입법부작위	진정입법부작위	부진정입법부작위
개념	단순히 입법을 하지 아니하고 있는 상태를 말한다.	헌법상 명시적 입법의무가 있거나, 헌법의 해석상 입법의무가 있는 사항에 관하여 국회가 전혀 입법을 하지 아니하는 '입법의 흠결'을 말한다(즉, 입법권의 불행사).	국회가 어떤 사항에 관하여 입법은 하였으나 그 입법의 내용 등이 불완전, 불충분 또는 불공정하게 규율함으로써 '입법행위에 결함'이 있는 경우를 말한다(즉, 결함이 있는 입법권의 행사).
헌법소원 가능성	불가	입법부작위를 대상으로 하는 헌법소원 가능	입법부작위를 대상으로 하는 헌법소원은 불가. 법률자체를 대상으로 하는 것은 가능
청구기간		제한이 없음	제한이 있음

(3) 헌법상 보장된 기본권의 침해가능성이 있어야 한다. 가능성만 있으면 되고 침해여부는 본안의 문제이다.

(4) 당사자 적격

    ① 자기관련성: 침해되었다고 주장하는 기본권이 청구인 자신의 것이어야 한다. 즉 다른 사람의 기본권을 대신 주장하는 것은 허용되지 않는다.

    ② 직접성: 주로 법령을 대상으로 하는 헌법소원에서 집행행위를 매개하지 않고 침해하는 경우여야 한다.

    ③ 현재성: 기본권 침해는 현재 계속되고 있어야 하는 것이 원칙인데 예외가 있다.

(5) 권리보호이익

재판의 결과 신청인의 법적 지위기 향상될 가능성이 있어야 한다. 행정소송의 소의 이익과 같은 개념이다. 헌법의 소송의 특성상 주관적 권리보호이익이 없어도 기본권 침해의 반복 가능성과 헌법적 해명의 필요성이 있으면 객관적 권리보호이익이 인정되는 경우가 있다

(6) 보충성 원칙

헌법소원을 제기하기 전에 다른 법률이 정한 구제절차를 모두 거쳐야 한다. 이때 다른 법률의 구제절차는 해당 공권력을 직접 대상으로 하는 것이어야 한다. 따라서 손해배상 등은 거치지 않아도 된다.

(7) 변호사 강제주의

(8) 청구기간의 준수

원칙적으로 해당 공권력의 행사가 있음을 안날로부터 90일, 있은 날로부터 1년 내에 제기해야 한다.

(1) 실체적 요건

가처분신청이 인용되기 위해서는 ① 회복하기 어려운 손해를 예방할 필요가 있어야 하고, ② 그 효력을 정지시켜야 할 긴급한 필요가 있어야 하며, ③ 가처분을 인용한 뒤 종국결정에서 청구가 기각되었을 때 발생하게 될 불이익과 가처분을 기각한 뒤 청구가 인용되었을 때 발생하게 될 불이익을 비교형량하여 후자가 전자보다 큰 경우여야 한다.

(2) 심판유형에 따른 가처분의 허용여부

① **법령에 대한 헌법소원**: 제68조 제1항의 헌법소원 중 **법령에 대한 헌법소원심판에 대해서는 법령의 효력을 정지시키는 가처분이 허용된다.**(사법시험 횟수제한 사건, 군행형법상 면회제한 사건)

② **입법부작위에 대한 헌법소원**: 제68조 제1항의 헌법소원 중 입법부작위 헌법소원에 대해서 가처분을 허용하면 헌법재판소가 의회의 권한을 침해하는 결과가 되므로 성질상 가처분이 허용될 수 없다.(권력분립의 원칙)

③ **검사의 불기소처분에 대한 가처분**: 제68조 제1항의 헌법소원 중 검사의 불기소처분에 대한 가처분은 헌법재판소가 검사에게 기소를 명하는 결과가 되기 때문에 가처분이 허용될 수 없다.(권력분립의 원칙)

● 권한쟁의심판의 절차

(1) 청구인이 주장하는 권한

피청구인의 처분 또는 부작위가 청구인의 헌법 또는 법률에 의해 부여된 권한을 침해하거나 침해할 현저한 위험이 있는 경우 청구 가능

(2) 권한쟁의심판의 범위

헌법재판소는 국가기관 간의 권한쟁의에 있어서 국가기관은 예시적 규정으로 보지만, 지방자치단체 간의 권한쟁의에 있어서 당사자는 열거적 규정으로 본다.

헌법 제111조 제1항 제4호	헌법재판소법 제62조 제1항
국가기관 vs 국가기관	제1호: 국회, 정부, 법원, 중앙선관위 상호간(예시적 규정)
국가기관 vs 지자체	제2호: 정부 vs 시도 또는 정부 vs 시군구(정부는 예시적)
지자체 vs 지자체	제3호: 시도 vs 시도, 시도 vs 시군구, 시군구 vs 시군구(열거규정)

① 국회의원이 국회의장의 날치기 통과에 대해 **심의ㆍ표결권**(국회의원 개인의 권한)**의 침해**를 주장하며 국회의장을 상대로 권한쟁의를 할 수 있는가?

→ 당사자능력 확대의 문제(헌재 인정)

→ 국가인권위원회는 권한쟁의의 당사자가 아니다(법률상 기관이므로).

→ 각급선관위는 권한쟁의의 당사자이다(헌법상 기관이므로).

② 국회의원의 **동의권 침해**를 주장한 권한쟁의

→ <u>不可</u>(동의권은 국회의원의 권한이 아니라 국회 자체의 권한이기 때문)

→ 당사자적격으로 제3자 소송담당의 문제(헌재는 부정, 각하)

③ ┌ 지방자치단체 vs 정부
  ├ 지방자치단체 vs 국회   가능
  └ 지방자치단체 vs 선관위

> ∙ 헌재 1차 결정: 열거조항(권한쟁의 불가)
> ∙ 헌재 2차 결정: 예시조항(권한쟁의 가능)
> ∙ 부분기관이 권한쟁의를 할 수 있는 요건
> ① 헌법에 의해 설치된 기관
> ② 독자적 권한을 가질 것
> ③ 분쟁 시 해결방법이 없을 것

> 즉, 시ㆍ도 vs 시ㆍ도 / 시ㆍ도 vs 시ㆍ군ㆍ구 /시ㆍ군ㆍ구 vs 시ㆍ군ㆍ구 이외의 권한쟁의를 인정하지 않는다.

제62조(권한쟁의심판의 종류) ② 권한쟁의가 「지방교육자치에 관한 법률」 제2조에 따른 교육ㆍ학예에 관한 지방자치단체의 사무에 관한 것인 경우에는 교육감이 제1항제2호 및 제3호의 당사자가 된다.

⬤ 판례에 의할 때 기속력에 의한 재처분의무 정리

권한침해결정	헌법재판소가 재처분의무를 부과하는 결정을 할 수 없다.
부작위 인용 결정	피청구인에게 결정의 취지에 따른 재처분의무가 있다(헌재법 제66조 제2항 후문).
권한침해+취소결정	판례에 의하면 원상회복의무가 있다.
권한침해+무효결정	판례에 의하면 원상회복의무가 있다.

▸ 지자체의 경우 자치사무에 대한 권한쟁의심판의 청구인과 피청구인은 단체 자체(단체장이 아님)

MEMO

MEMO

MEMO

이해를 통한 손에 잡히는 헌법

윤우혁 헌법조문집

국가직 5급 | 국가직·지방직·서울시 7급 | 국회직 | 법원직

경찰승진 | 소방간부 | 변호사 | 법무사 시험대비

윤우혁 변호사

- 고려대학교 사회학과 졸업
- 제47회 사법시험 합격
- 미국선물거래중개사(AP) 시험 합격
- 법무법인 율목 행정소송 전문 변호사
- 공단기 헌법/행정법 대표강사
- 경단기 헌법 대표강사

온라인 강의 | gong.conects.com **오프라인 강의** | 공단기고시학원

펴낸날 | 초판 발행 2023년 9월 20일 **지은이** | 윤우혁 **펴낸이** | 안종만·안상준 **펴낸곳** | ㈜박영사
주소 | 서울특별시 금천구 가산디지털2로 53, 210호 **전화** | 02-733-6771 **팩스** | 02-736-4818
E-mail | pys@pybook.co.kr **Homepage** | www.pybook.co.kr
등록번호 | 1959. 3. 11. 제300-1959-1호

파본은 구입하신 곳에서 교환해드립니다. 본서의 무단복제행위를 금합니다.

*환경을 생각하여 콩기름 잉크로 제작했습니다.

PRINTED WITH SOY INK

값 11,000원

ISBN 979-11-303-4540-6 13360